Insignium Romae templorum prospectus exteriores interioresque, a celebrioribus architectis inventi

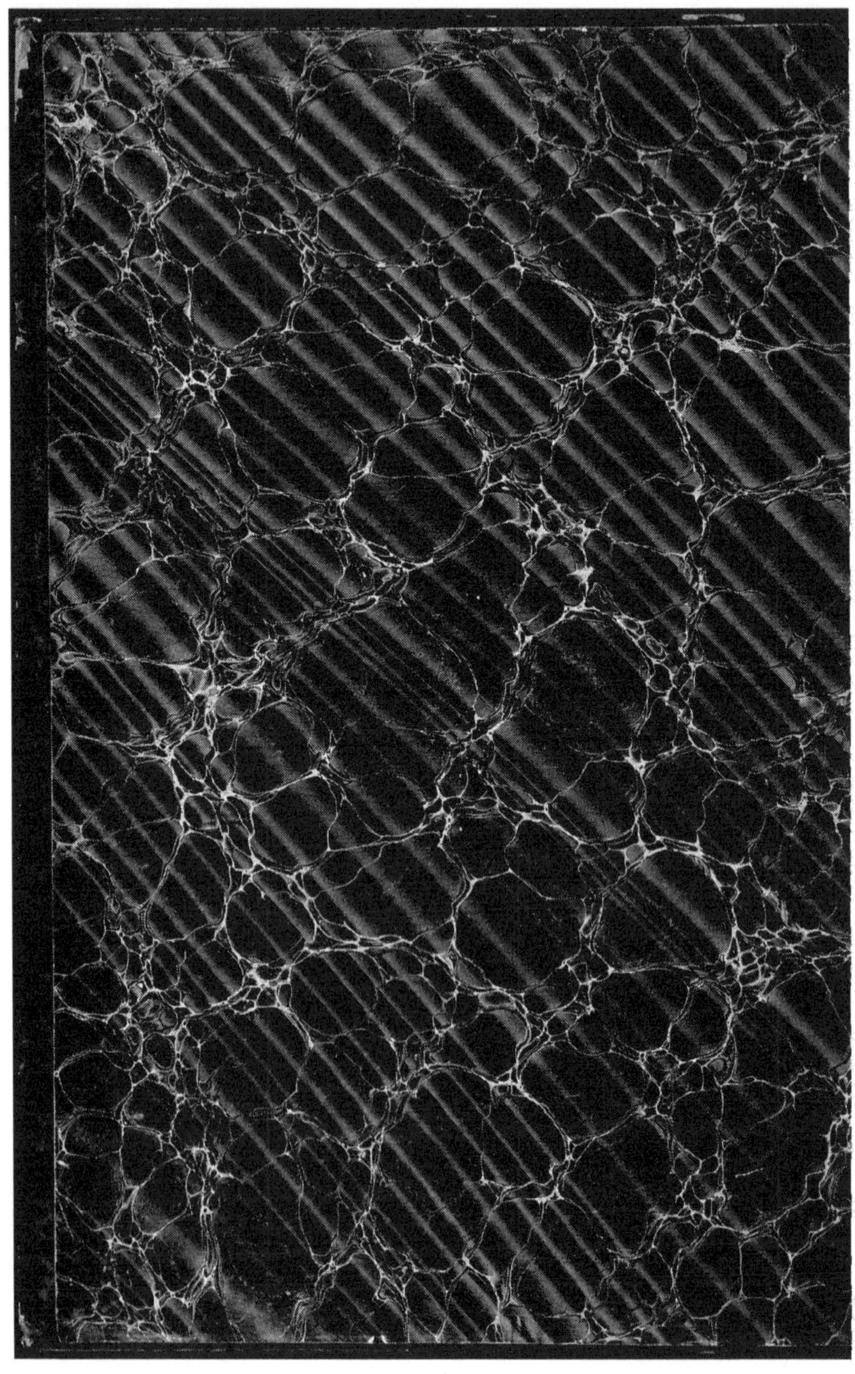

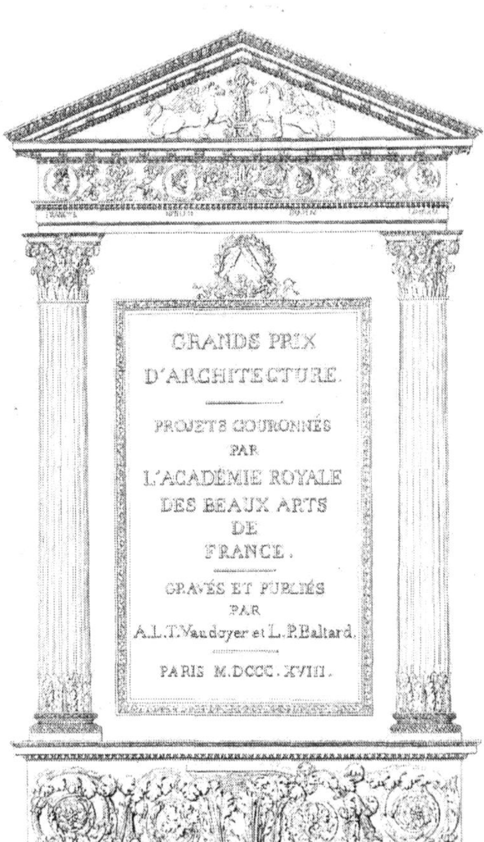
GRANDS PRIX
D'ARCHITECTURE.
PROJETS COURONNÉS
PAR
L'ACADÉMIE ROYALE
DES BEAUX ARTS
DE
FRANCE.
GRAVÉS ET PUBLIÉS
PAR
A.L.T. Vaudoyer et L.P. Baltard.
PARIS M.DCCC.XVIII.

TABLE GÉNÉRALE

DES PROJETS GRAVÉS DANS CE VOLUME

Contenant les Grands Prix de 1804 à 1815 inclusivement et autres Prix d'Émulation de l'École Royale d'Architecture.

Numero	PROJETS	DÉTAIL des Projets	NOM des Auteurs
1	Forum ou place publique	Plan	Dedeban, 2e Grand Prix de 18[illegible]
2		Façade	
3		Arc de Triomphe	
4		Plan & coupe de l'Arc de Tr.	
5	Phare	Élévation	Bury
6		Plan et Coupe	
7	Foire	Plan	Bury, 1er grand Prix de 18[illegible]
8		Élévation et Coupe	
9	Façade pour le Corps législatif	Plan	Gasse jeune
10		Élévation	
11	Arsenal de terre	Plan	Lacornée
12		Élévation et Coupe	
13	Monument sépulcral	Plan &c.	Lebas
14	Palais de la Légion d'honn.r	Plan	* Dedeban, 1er Grand Prix de 18[illegible]
15		Façade	
16		Coupe	
17	Salle de Concert	Plans	Caristie
18		Façade et Coupe	
19	Palais pour la Légion d'honn.r	Plan	Lebas, 2e Grand Prix de 18[illegible]
20 21		Façade et Coupe	
22		Arc de Triomphe	
23	Maison de Ville et de campagne	Plans	Suys
24		Façades et Coupe	
25	Restauration	Plan du rez de chaussée	Vaudoyer
26	du Théâtre antique	Plan des Gradins	
27	de Marcellus	Façade restaurée	
28	à Rome	Coupe restaurée	
29		Ordre Dorique	
30a		Ordre Ionique	
30b		Fragments antiques	
30c		Vue perspective	
31	Palais d'Éducation des Princes	Plan général	* Huyot, 1er Grand Prix de 1807
32		Plan détaillé	
33		Élévation particulière	
34		Élévation générale	
35		Coupe	
36	Baptistère	Plan &c.	Courtépée
37	Palais de Souverain	Plan général	* Lesueur, 1er Grand Prix de 18[illegible]
38		Plan particulier	
39		Coupe	
40	École d'Architecture	Plan	Chatillon
41		Façade	
42		Coupe	
43	Palais pour l'Institut	Plan	Normand
44		Façade et Coupe	
45	Bains publics	Plan général	* Leclère, 1er Grand Prix de 1808
46		Plan particulier	
47		Façade	
48		Façade générale et Coupe	
49	Église à la Trinité	Plan	Caristie
50		Élévation	
51		Coupe	
52	Église Cathédrale	Plan	* Chatillon, 1er Grand Prix de 18[illegible]
53		Façade	
54		Coupe	
55	Pavillon de ou Cabanes	Plan &c.	Ménager
56	Bourse maritime	Plan	* Gauthier, 1er Grand Prix de 1810
57		Façade	
58		Coupe sur la longueur	
59		Coupe sur la largeur	
60	Pavillon de Bains	Plan &c.	Huyot
61	École de Botanique	Plan gén.l et partic. génér.l	Vauchelet l'aîné
62		Élévation et coupe	
63	Façade de Salle d'Opéra	Plan &c.	Gauthier
64	Bourse Maritime	Plan	Vauchelet l'aîné, 2e Grand Prix de 1810
65		Élévation	
66		Coupe	
67	Établissem.t pour 4 familles	Plan	Huyot, 2e Grand Prix de 18[illegible]
68		Façade	
69		Coupe	
70	Église Cathédrale	Plan	Grillon, 2e Grand Prix de 1809
71		Élévation	
72		Coupe	
73	Lycée d'Enseignement	Plan &c.	Lebas
74	Temple à l'Hymen	Plan &c.	Vauchelet l'aîné
75	Palais pour l'Université	Plan	* Provost, 1er Grand Prix de 18[illegible]
76		Façade	
77		Coupe	
78	Trois hôtels [illegible]	Plan	Caristie
79	Palais de Souverain	Plan général	Chatillon, 2e Grand Prix de 18[illegible]
80		Plan particulier	
81		Coupe	
82	Chapelle rurale	Plan &c.	Guilbert
83	Hospice central	Plan	* Suys, 1er Grand Prix de 1812
84		Façade et Coupe	
85	Pyramide	Plan	Huvé
86		Façade et Coupe	
87	Hôtel du Ministère	Plans	Malbon
88		Façade et Coupe	
89	Palais de l'Université	Plan	[illegible], 2e Grand Prix de 18[illegible]
90		Façade et Coupe	
91	Maison de Campagne	Plan	Destouches
92		Plans Façade et Coupe	
93	Hôtel de Ville	Plan du rez de chaussée	* Caristie, 1er Grand Prix de 1813
94		Plan du 1er Étage	
95		Façade et Coupe	
96	Boudoir	Plan &c.	Chatenet
97	Catafalque à Chaperon	Plan	Malbon
98		Façade et Coupe	
99		Détail du Catafalque	
100	Laiterie	Plan &c.	Vauchelet l'aîné
101	Bibliothèque Musée	Plan	* Destouches, 1er Grand Prix de 1814
102		Façade et Coupe	
103	Rendez-vous de chasse	Plan &c.	Courtépée
104	École Polytechnique	Plan du rez de chaussée	* [illegible], 1er Grand Prix de 18[illegible]
105		Plan du 1er Étage	
106		Façade et Coupe	
107	Conservatoire	Plan	Debilly
108	Monument sépulcral	Plan &c.	Vauchelet
109	Observatoire	Plans	Vauchelet
110		Élévation et Coupe	
111	Église rurale	Plan &c.	Destouches
112	Brasserie	Plan	Philippon
113		Élévation et Coupe	
114	Pont Anglais	Plan &c.	Debilly
115	Dépôt de mendicité	Plan du rez de chaussée	Baron, 2e Grand Prix de 18[illegible]
116		Plan du 1er Étage	
117		Façade et Coupe	
118	Salle de Bal	Plan	Debilly
119		Élévation et Coupe	
120	Tivoli	Plan &c.	Dupuy

FORUM

ou

PLACE PUBLIQUE À LA PAIX.

1er grand Prix remporté par Mr. Dedeban, en l'an IX, 1801.

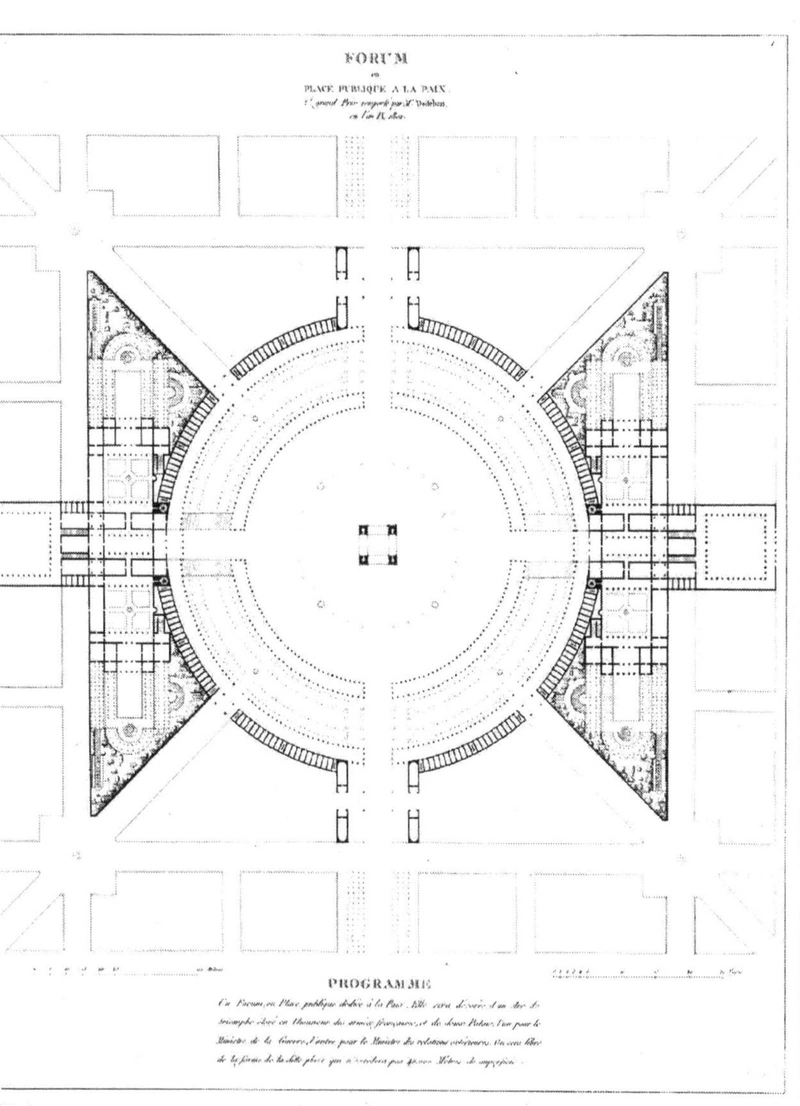

PROGRAMME

Un Forum, ou Place publique dédiée à la Paix. Elle sera décorée d'un Arc de triomphe élevé en l'honneur des armées françaises, et de deux Palais, l'un pour le Ministre de la Guerre, l'autre pour le Ministre des relations extérieures. On sera libre de la forme de la dite place qui n'excédera pas 40,000 Mètres de superficie.

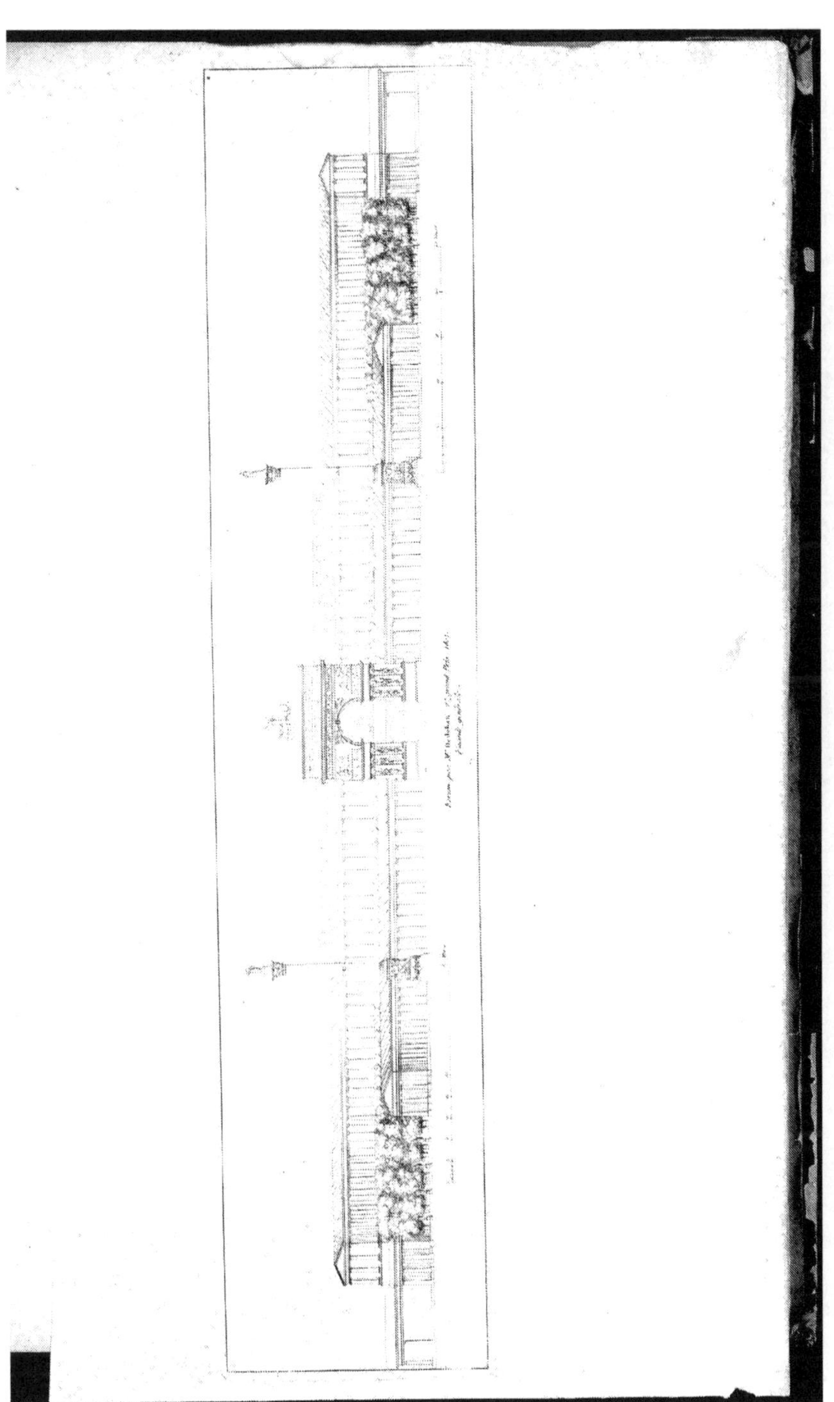

A LA GLOIRE DES ARMEES DE LA REPUBLIQUE TRIOMPHANTE

PHARE

Prix d'émulation remporté par M.r Bury, en 1801.

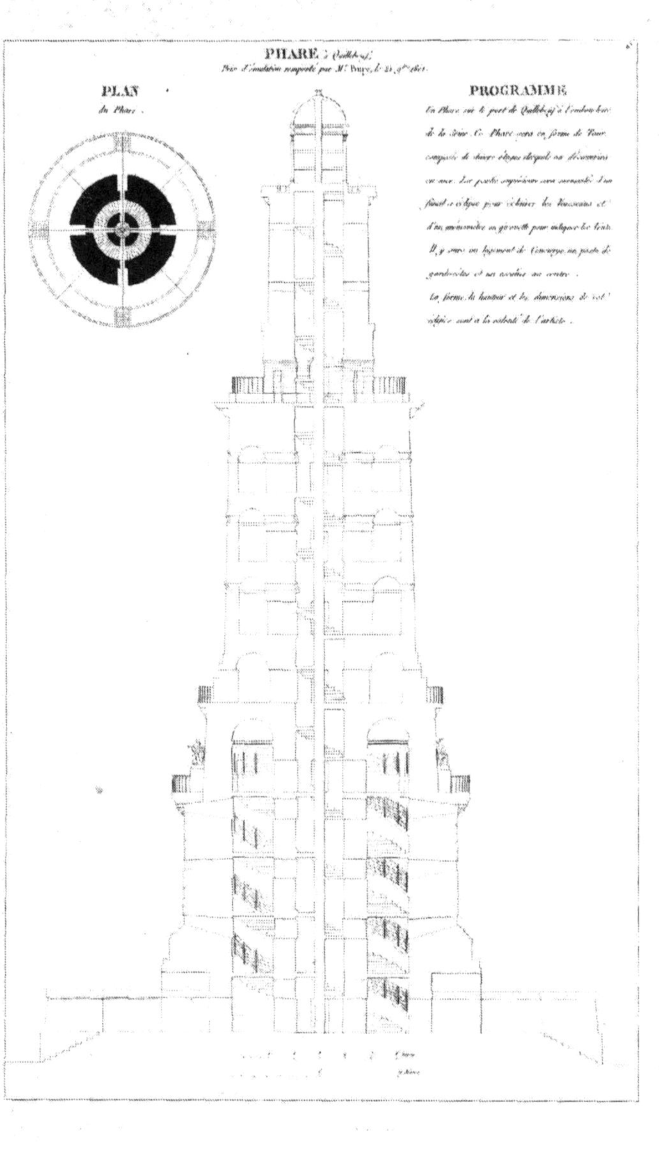
PHARE
PLAN
du Phare
PROGRAMME

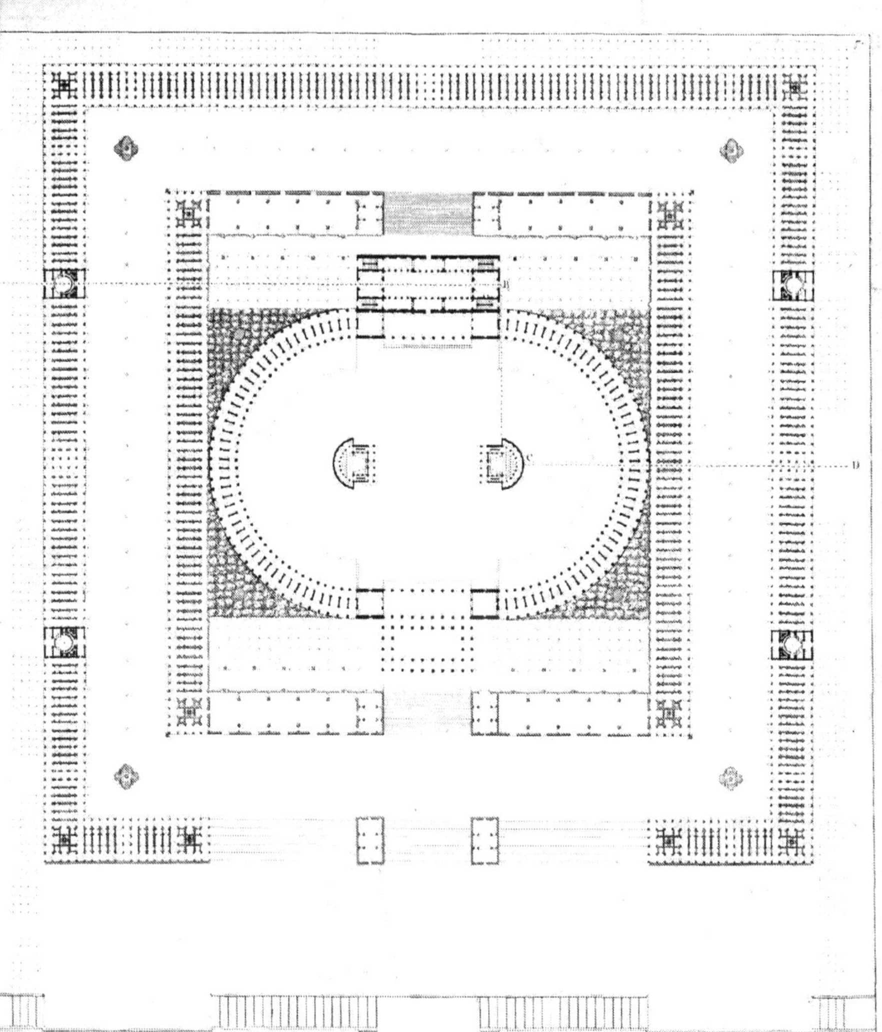

PROGRAMME

[illegible]

FOIRE

[illegible]

Echelle

[illegible]

Élévation et Coupe du Projet de Foire par Mr Bury en [illegible]

Coupe sur les lignes A B . C D .

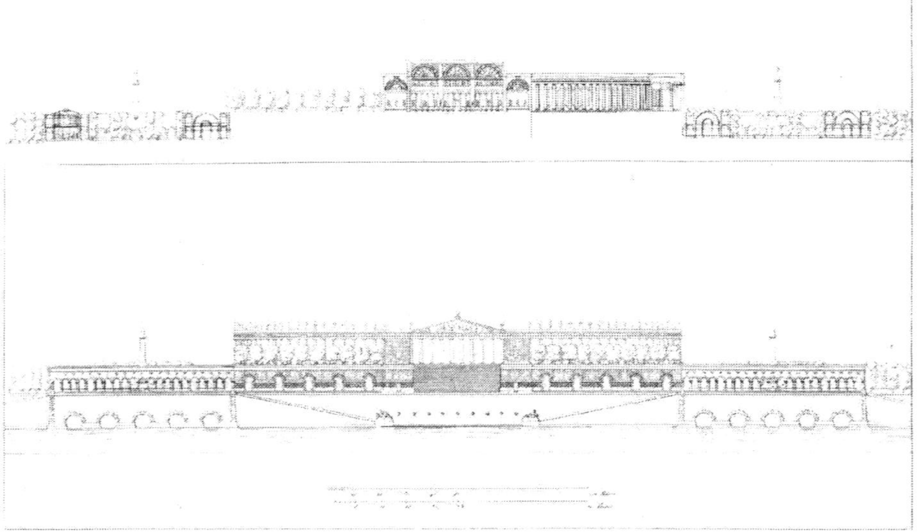

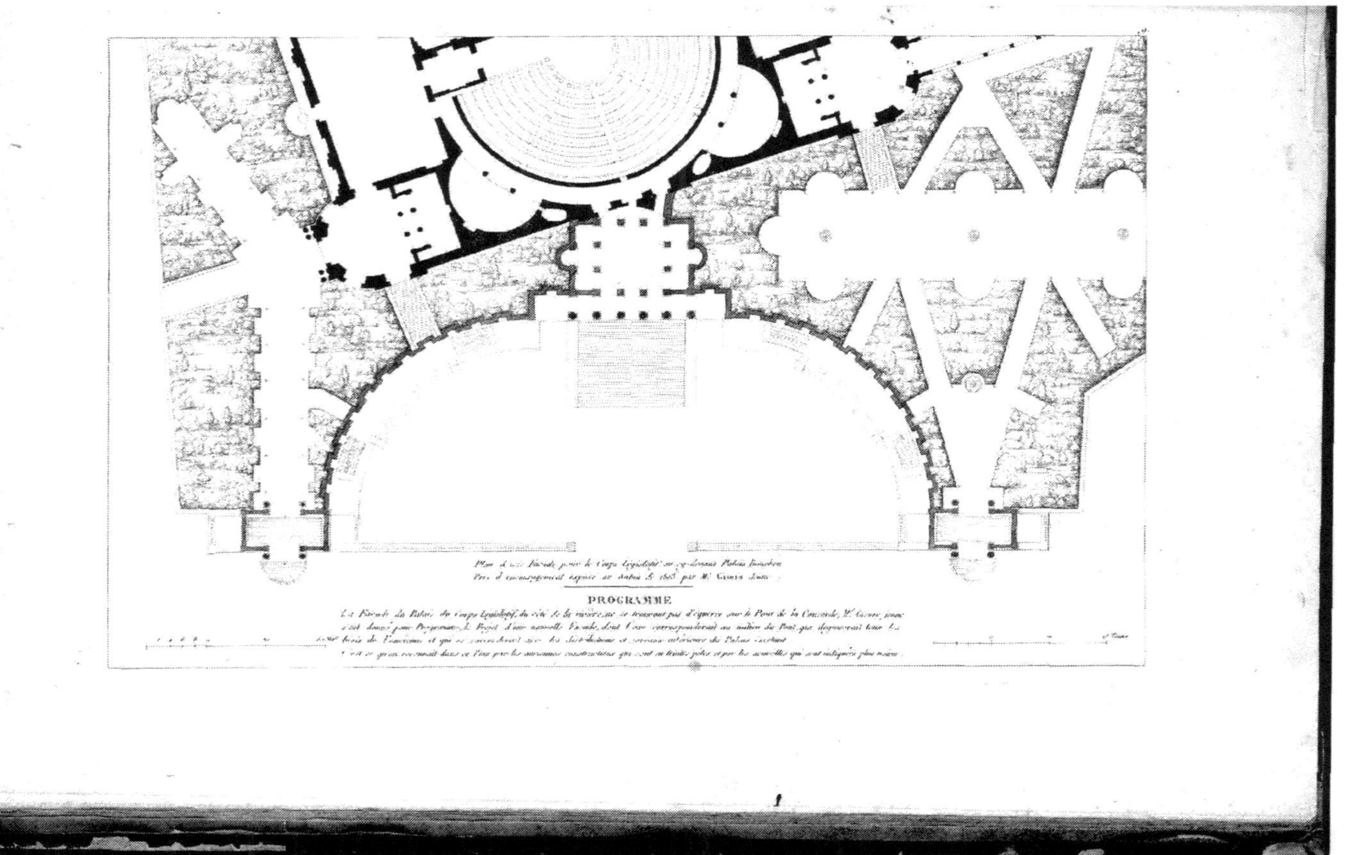

Plan d'une Façade pour le Corps Législatif au ci-devant Palais Bourbon
Prix d'encouragement exposé au Salon de 1803 par M. Gisors Jeune.

PROGRAMME

La Façade du Palais du Corps Législatif, du côté de la rivière, ne se trouvant pas d'équerre sur le Pont de la Concorde, M. Gisors jeune s'est donné pour Programme, le Projet d'une nouvelle Façade, dont l'axe correspondrait au milieu du Pont, qui déguiserait tous les biais de l'ancienne et qui se raccorderait avec les distributions et services intérieurs du Palais existant.
C'est ce qu'on reconnaît dans ce Plan par les anciennes constructions qui sont en teintes pâles et par les nouvelles qui sont indiquées plus noires.

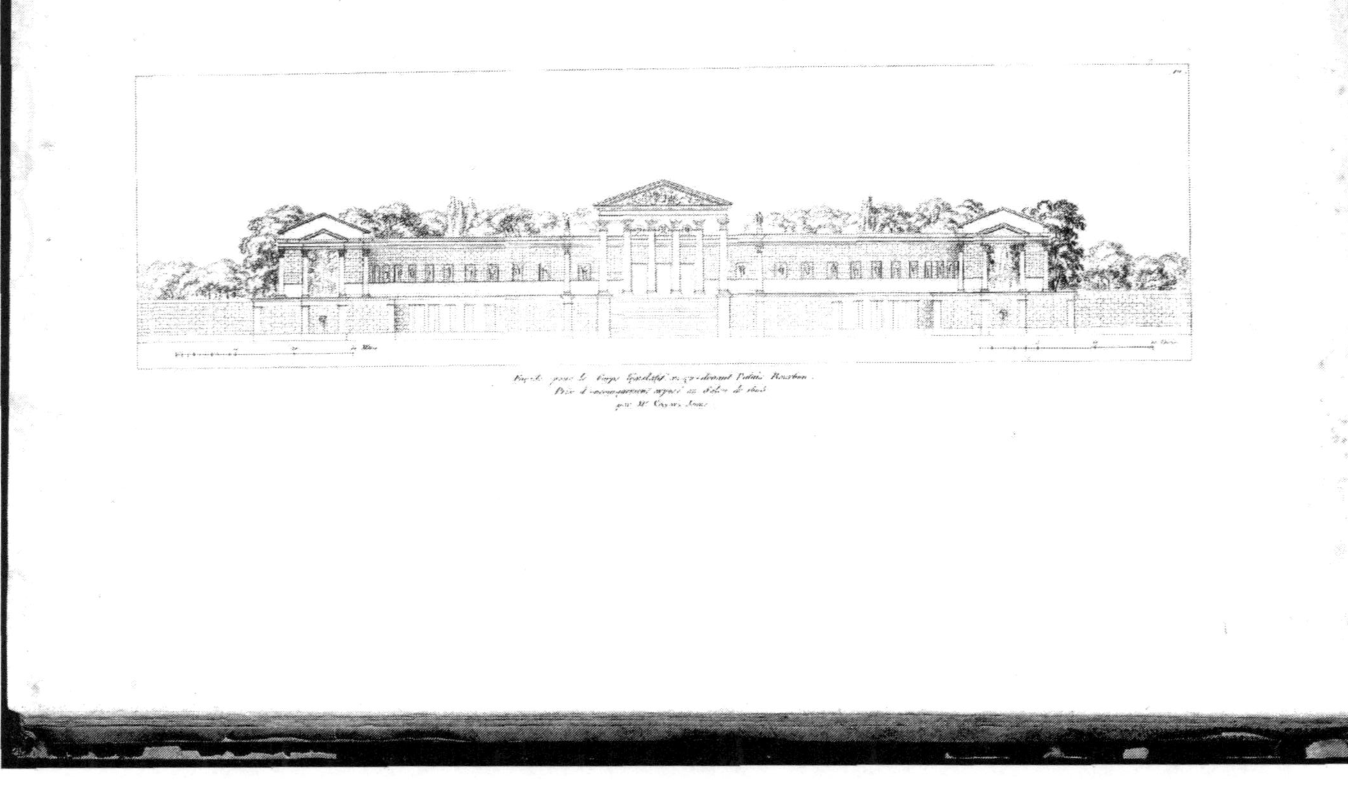

Façade pour le Corps législatif ci-devant Palais Bourbon.
Prix d'encouragement exposé au Salon de [illegible]
par Mr [illegible] Jeune

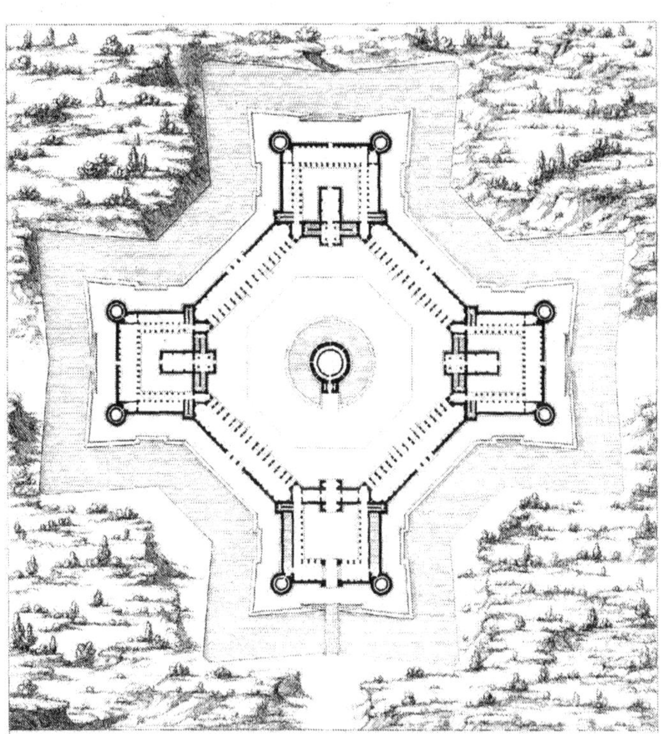

ARSENAL DE TERRE

[illegible]

par Mr [illegible]

[illegible]

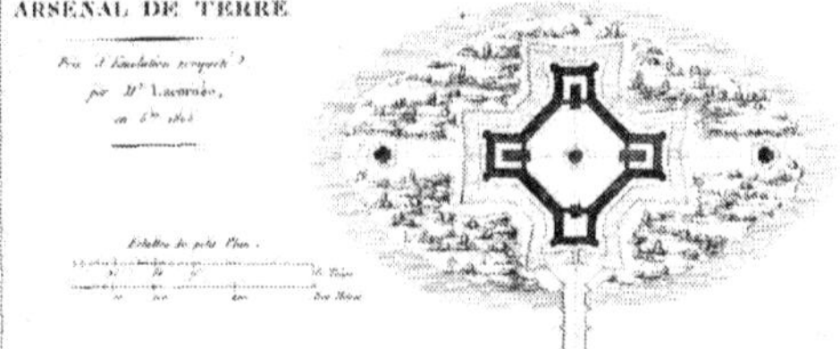

Échelle du petit Plan.

Échelle du grand Plan.

PROGRAMME

[illegible]

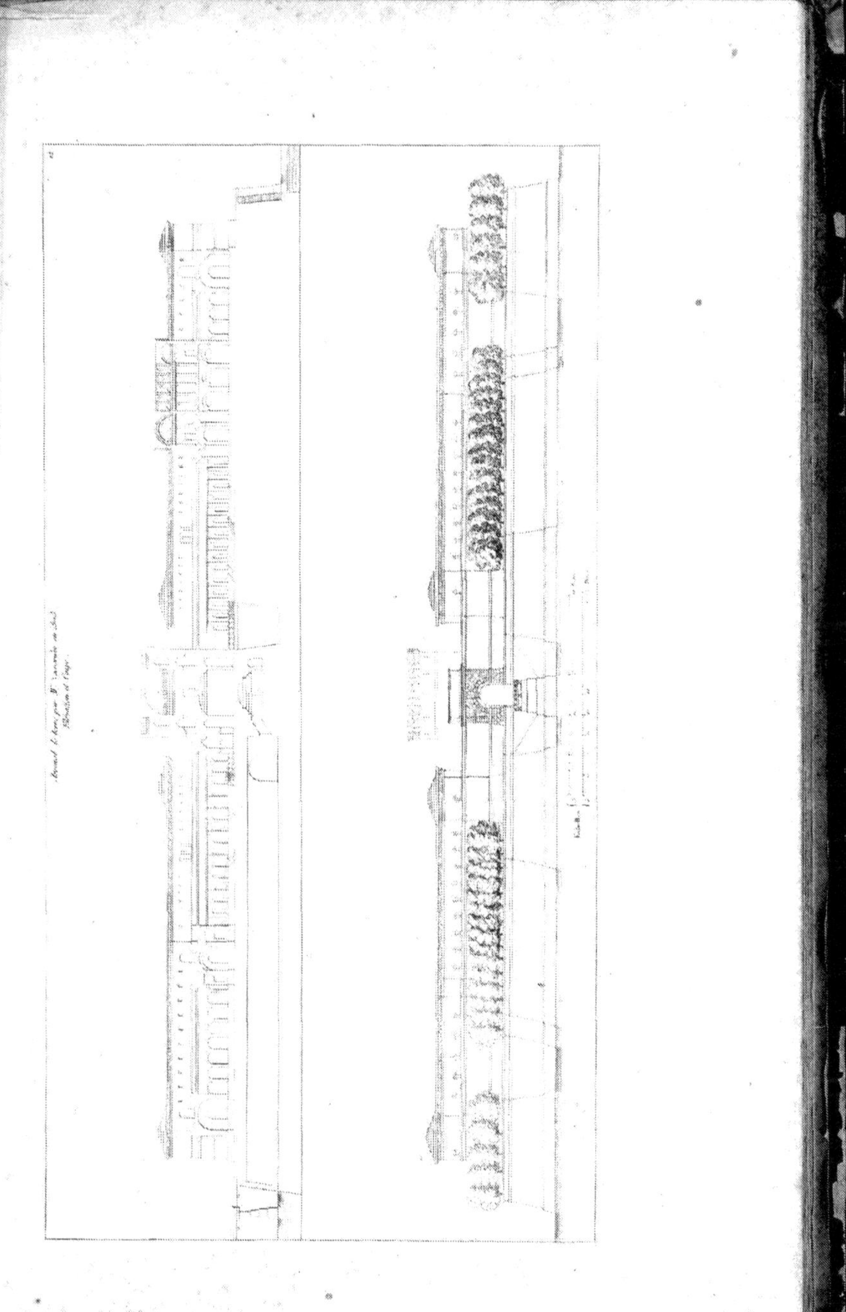

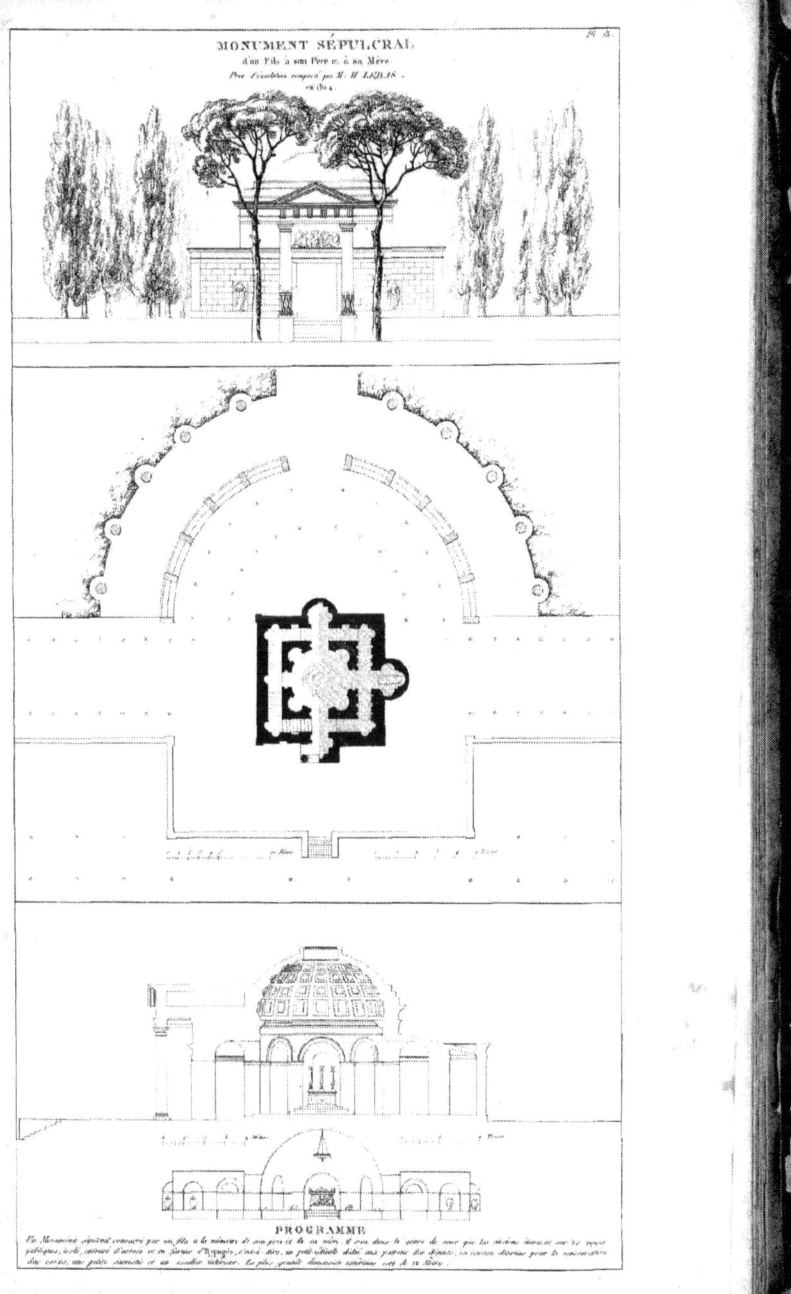
Pl. 8.
MONUMENT SÉPULCRAL
d'un Fils à son Père et à sa Mère.
PROGRAMME

PALAIS POUR LE CHEF-LIEU

DE LA LÉGION D'HONNEUR.

Sujet du grand Prix proposé par l'Institut en 1806.

Premier grand Prix remporté par M.r Dedeban, le 24 Août, 1806.

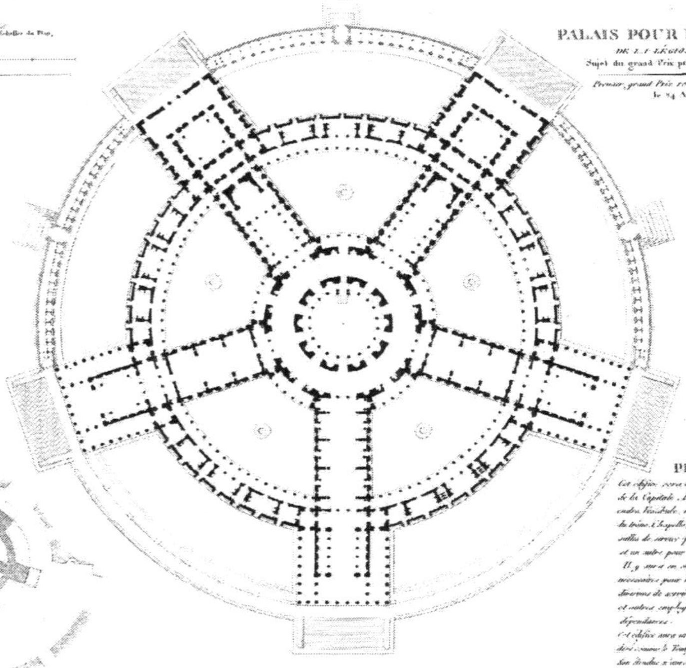

Echelle de Pieds.

PROGRAMME

Cet édifice sera isolé et placé sur une grande place de la Capitale. Le principal corps de batiment contiendra Vestibule, une salle ou Gallerie de réunion, salle du trône, Chapelle, Salle de Conseil et plusieurs autres salles de service plus un grand appartement de parade et un autre pour le grand Chancelier.

Il y aura en outre d'autres cours et batimens nécessaires pour la garde, Trésorerie, les Archives, les divisions de service des bureaux, les concierges, huissiers et autres employés pour remises, écuries et autres dépendances.

Cet édifice aura un caractère propre à sa destination, considéré comme le Temple des Vertus de l'honneur et de la [illegible] Son étendue n'aura pas plus de [illegible] de superficie.

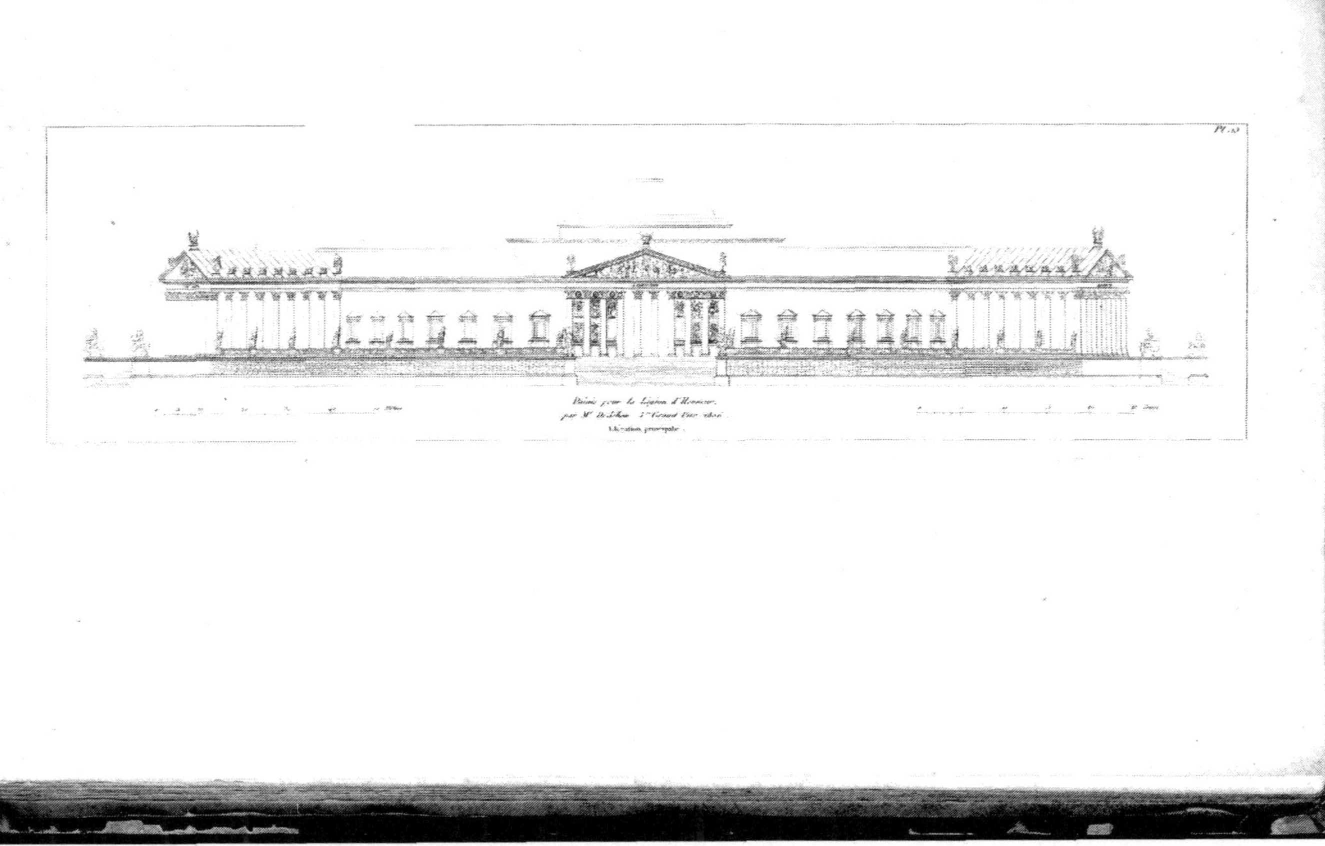

Palais pour la Légion d'Honneur,
par Mr Dedeban 1er Grand Prix 1806.
Élévation principale.

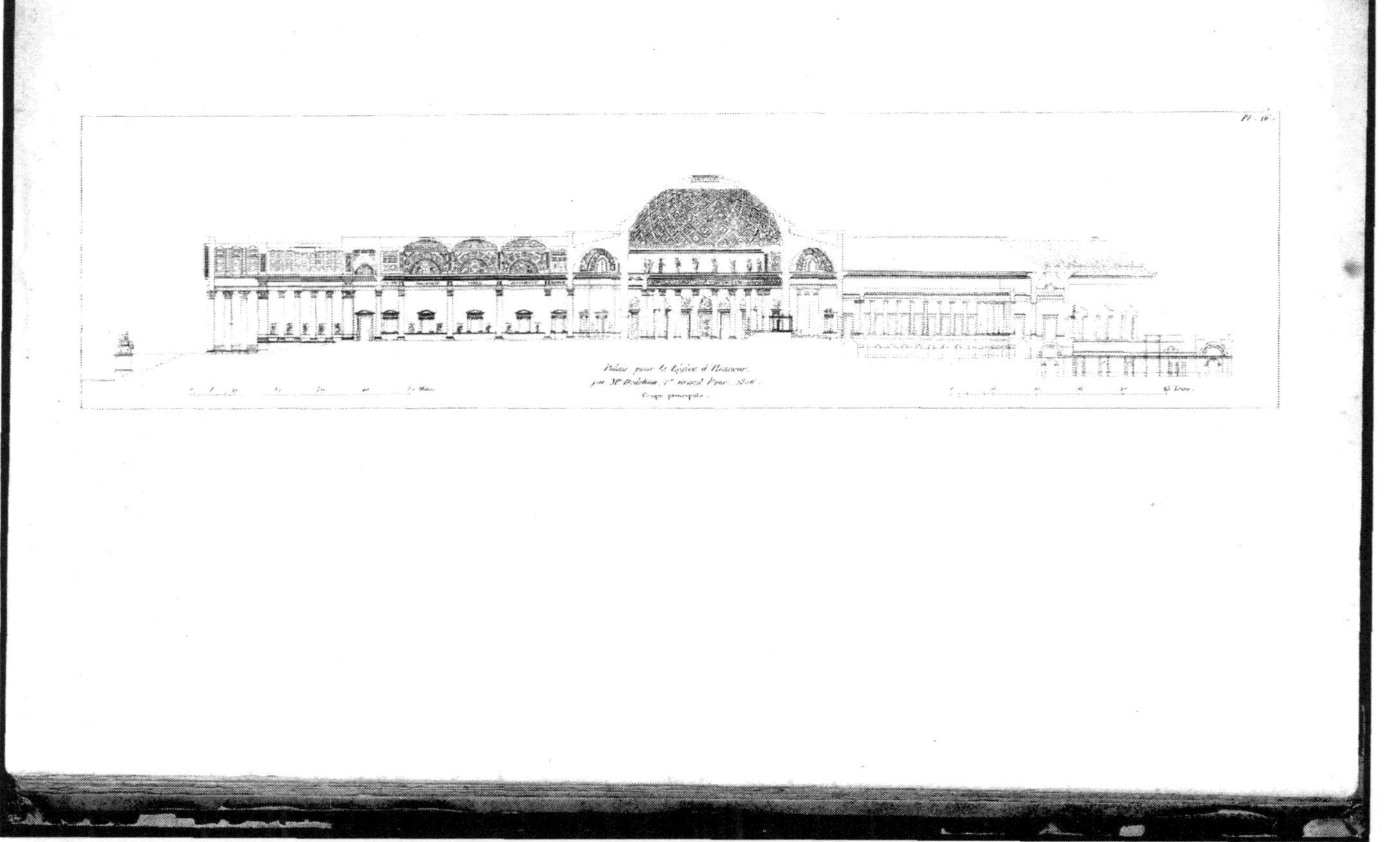

Palais pour la Légion d'Honneur,
par Mr [illegible], 1er grand Prix, 1806.
Coupe principale.

SALLE DE CONCERT

Prix d'émulation remporté par Mr. Caristie, en 1808.

Plan du 1er Étage.

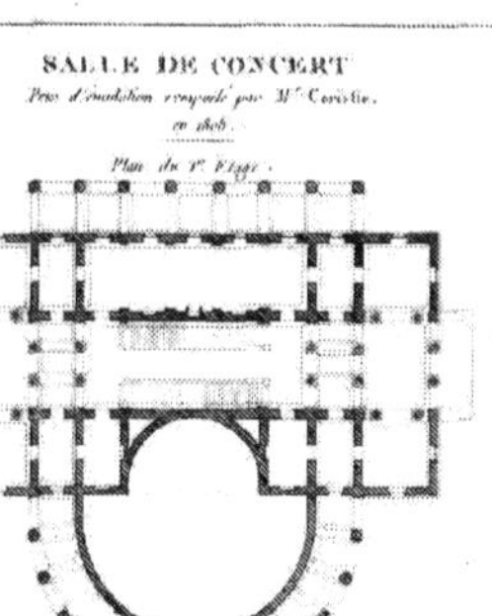

PROGRAMME

Une Salle de Concert uniquement destinée à l'exécution des Ouvrages de Musique élevée au centre d'une promenade publique sur un terrain contenant au plus mille mètres de superficie.

Plan du rez de chaussée.

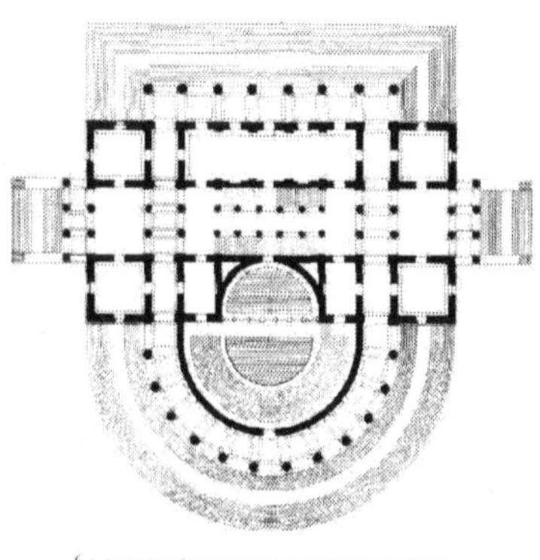

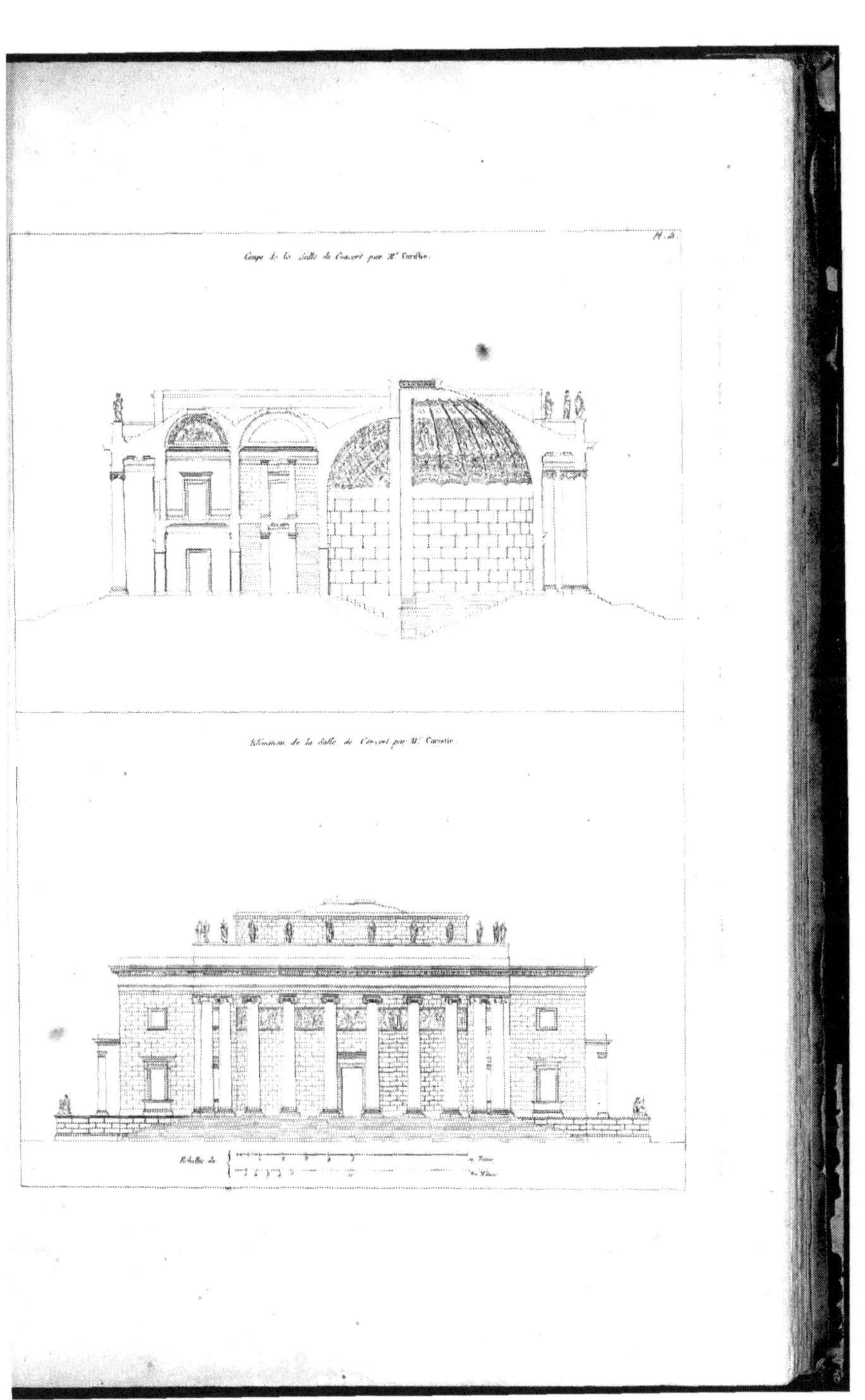
Pl. 13.
Coupe de la Salle de Concert par M.r Caristie.
Élévation de la Salle de Concert par M.r Caristie.

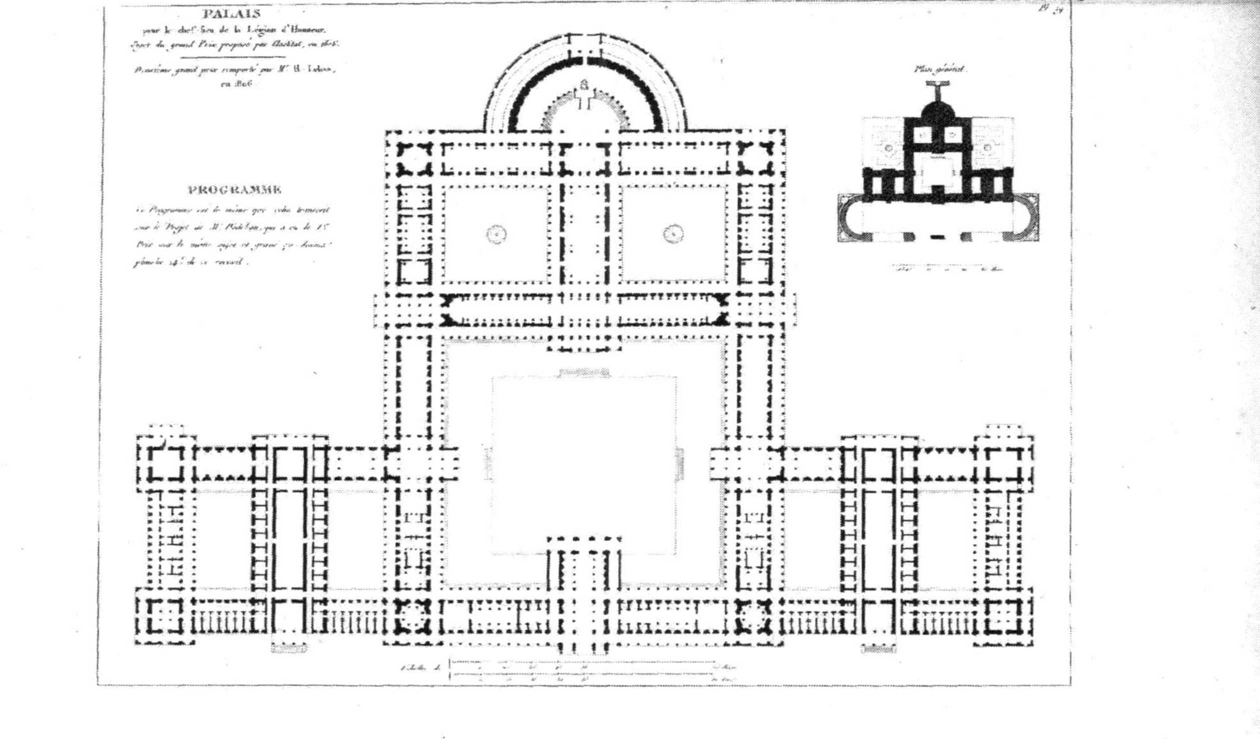
PALAIS
pour le chef-lieu de la Légion d'Honneur.
PROGRAMME
Plan général.

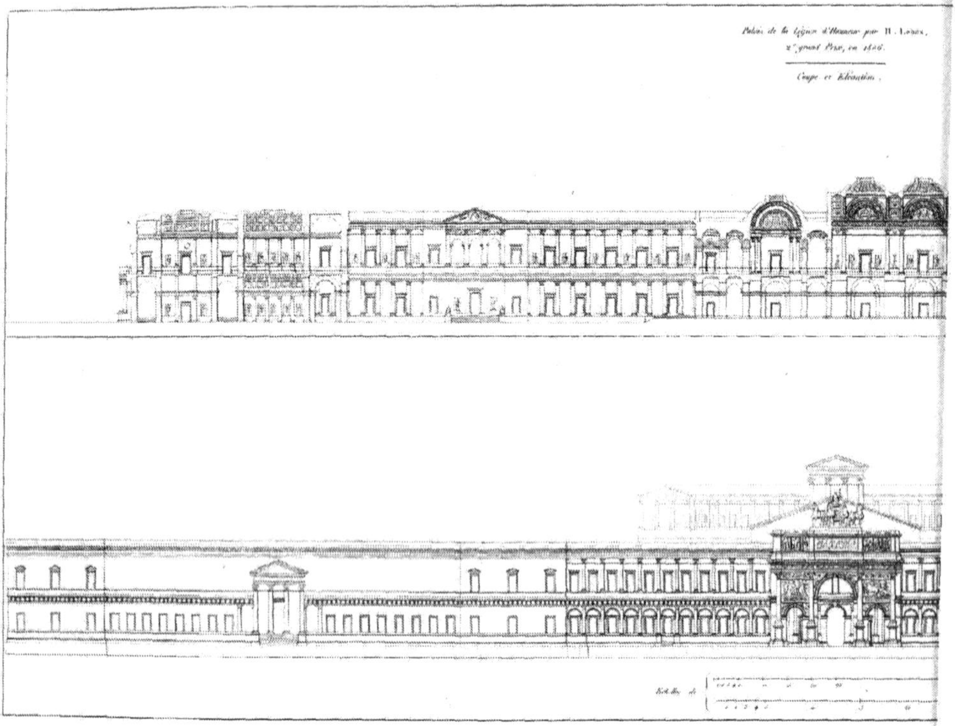

Palais de la Légion d'Honneur par H. Leroux,
2e grand Prix, en 1806.

Coupe et Élévation.

Echelle de

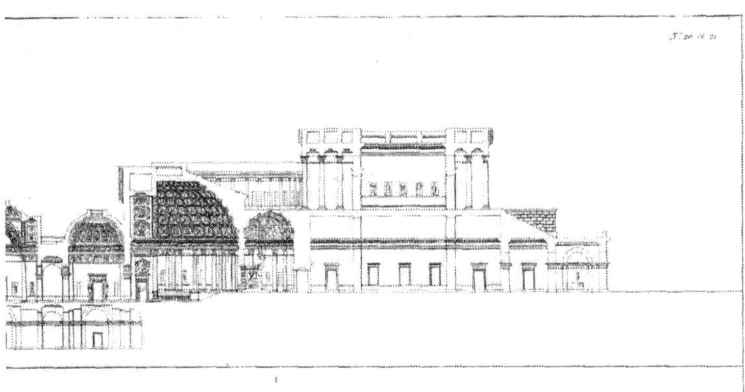

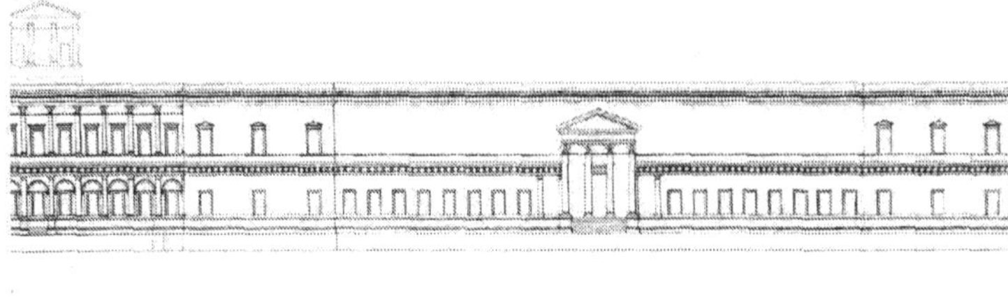

MAISON DE VILLE ET DE CAMPAGNE.

Prix d'Émulation remporté par M. Sayx,

en Mars 1810.

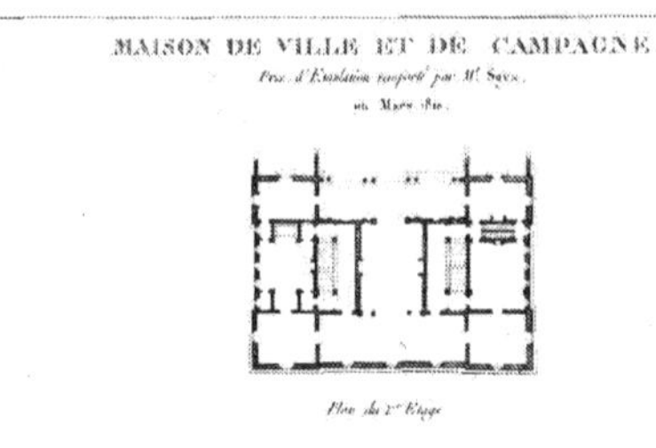

Plan du 2e Étage

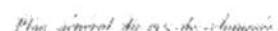

Plan général du rez-de-chaussée

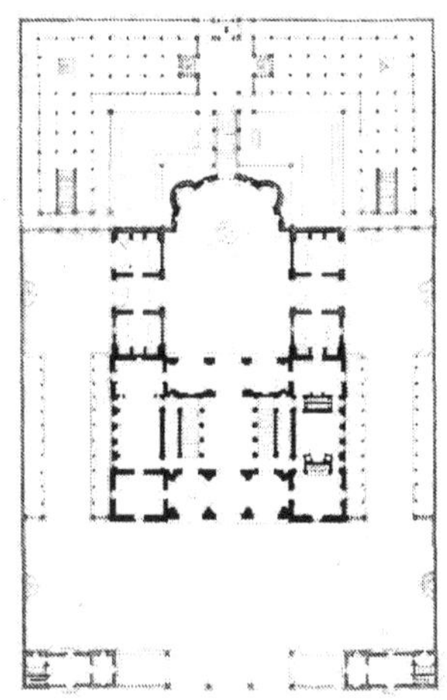

PROGRAMME

Maison de Ville et de Campagne pour un riche particulier.

Elle sera isolée entre Cour et Jardin, et élevée d'un soubassement, d'un premier, d'un deuxième étage et d'un attique. Le rez-de-chaussée contiendra: Vestibule, deux escaliers, cuisine, salle de billard, bains et dépendances. Le 1er et le 2e étage contiendront chacun un appartement complet d'habitation; l'attique sera distribué en chambres de domestiques. Le pavillon aura 24 mètres de face et 20 mètres de profondeur sur un terrain de 3000 mètres de superficie.

Maison de Ville et de Campagne,
par Mr Sayes en 1800.
Coupe et Élévation.
Pl. 24

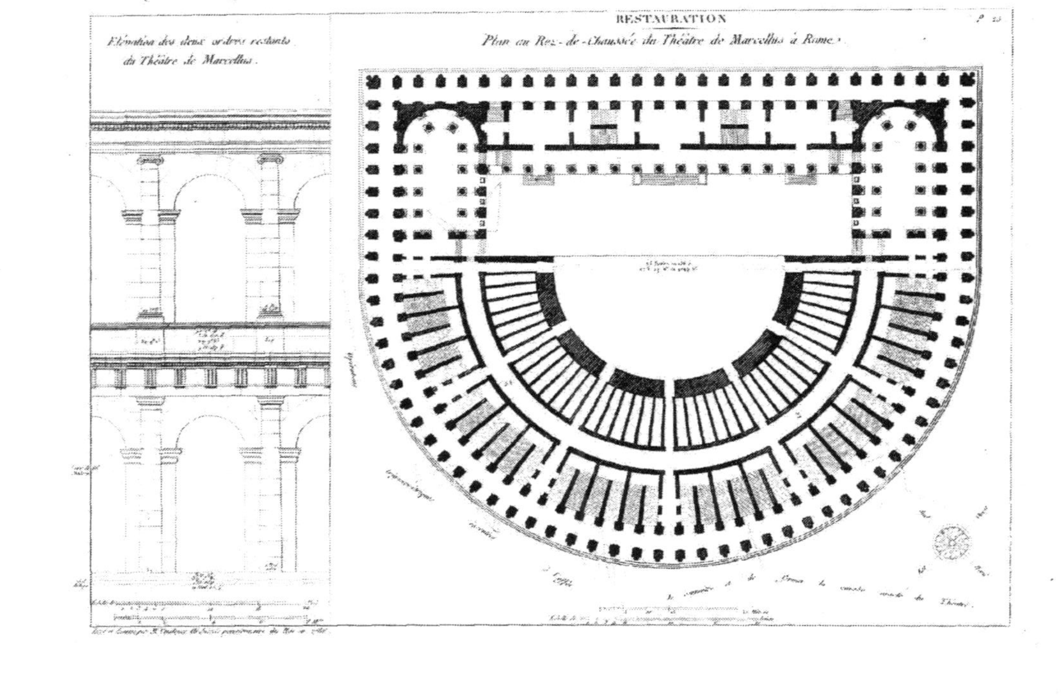
RESTAURATION
Plan au Rez-de-Chaussée du Théâtre de Marcellus à Rome.
Élévation des deux ordres restants
du Théâtre de Marcellus.

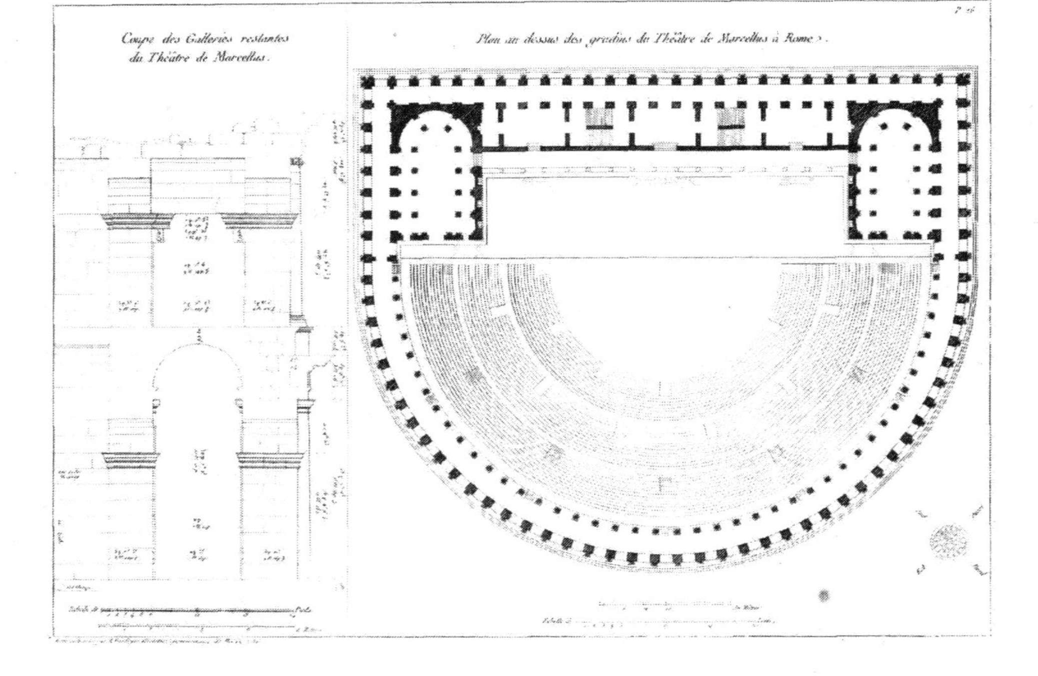
Coupe des Galleries restantes
du Théâtre de Marcellus.
Plan au dessus des gradins du Théâtre de Marcellus à Rome.

Élévation du Théâtre de Marcellus à Rome[1],

par Mr Vaudoyer Architecte pensionnaire du Roi en 1786

Échelle de [illegible] Toises [illegible] Mètres

Coupe du Théâtre de Marcellus à Rome,
par Mr. Vaudoyer Architecte pensionnaire du Roi en 1786.

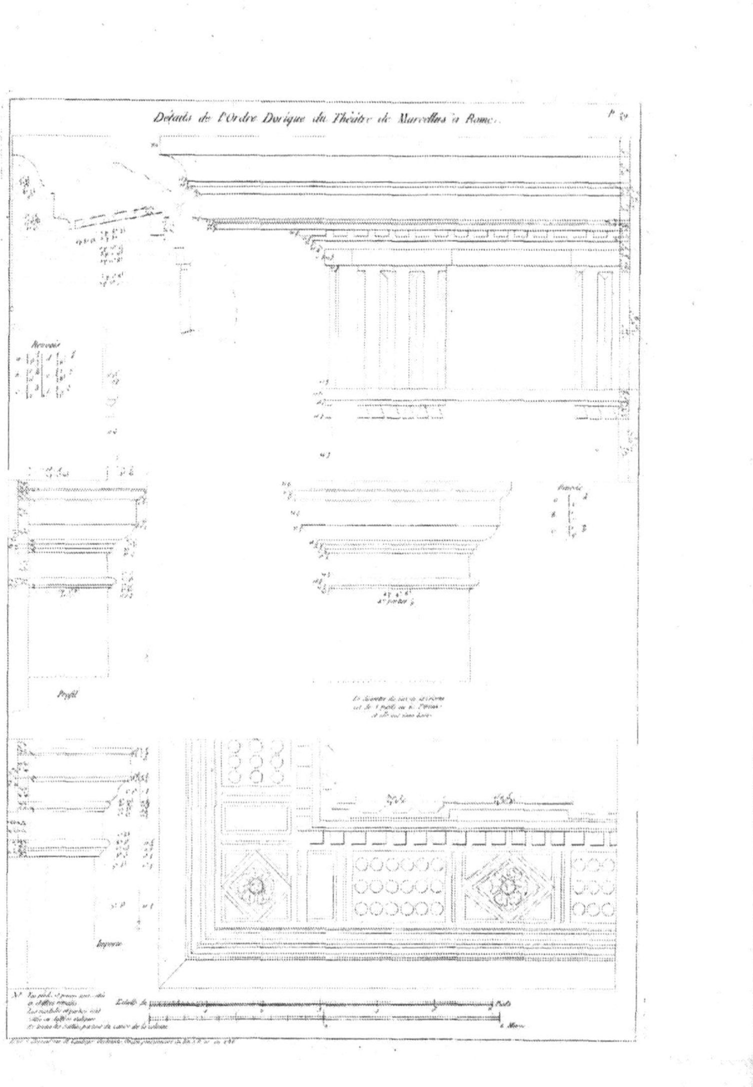
Détails de l'Ordre Dorique du Théâtre de Marcellus à Rome.
Profil
Imposte

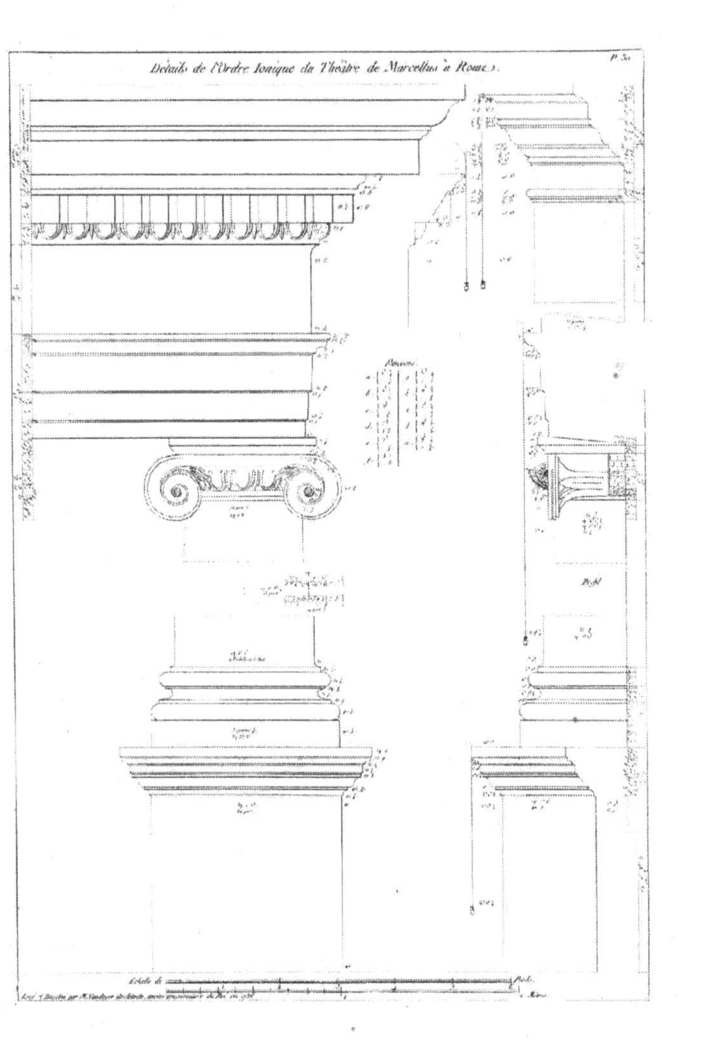
Détails de l'Ordre Ionique du Théâtre de Marcellus à Rome.
Profil

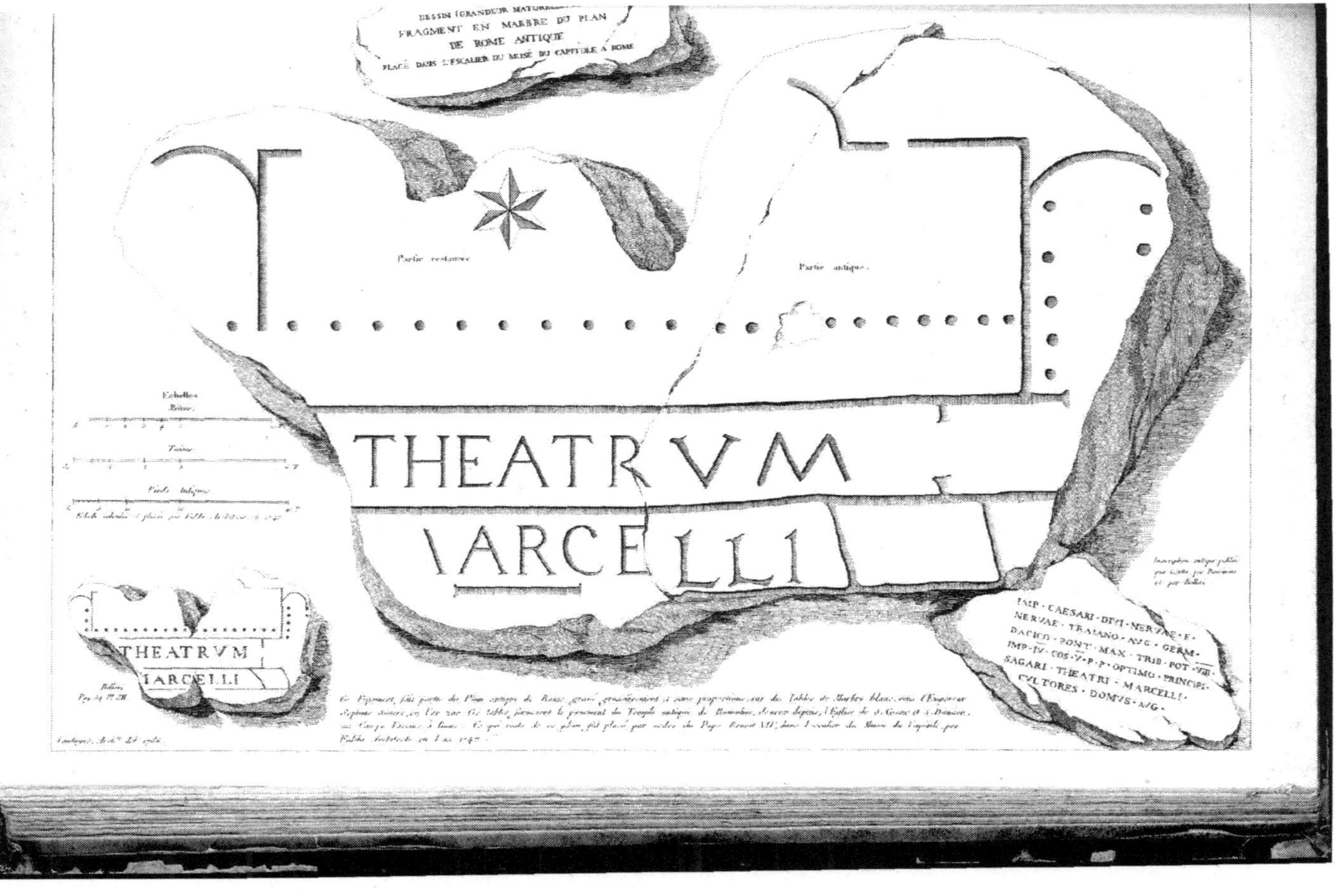
DESSIN GRANDEUR NATURELLE
FRAGMENT EN MARBRE DU PLAN
DE ROME ANTIQUE
PLACÉ DANS L'ESCALIER DU MUSÉ DU CAPITOLE A ROME
Partie restaurée
Partie antique
Echelles
THEATRVM
IARCE LLI
THEATRVM
IARCELLI
IMP · CAESARI · DIVI · NERVAE · F ·
NERVAE · TRAIANO · AVG · GERM ·
DACICO · PONT · MAX · TRIB · POT · VIII ·
IMP · IV · COS · V · P · P · OPTIMO · PRINCIPI ·
SAGARI · THEATRI · MARCELLI ·
CVLTORES · DOMVS · AVG ·

VUE DES RESTES DU THÉATRE DE MARCELLUS SUR LA PLACE MONTANARA A ROME.

Vaudoyer Architecte del. 1786.

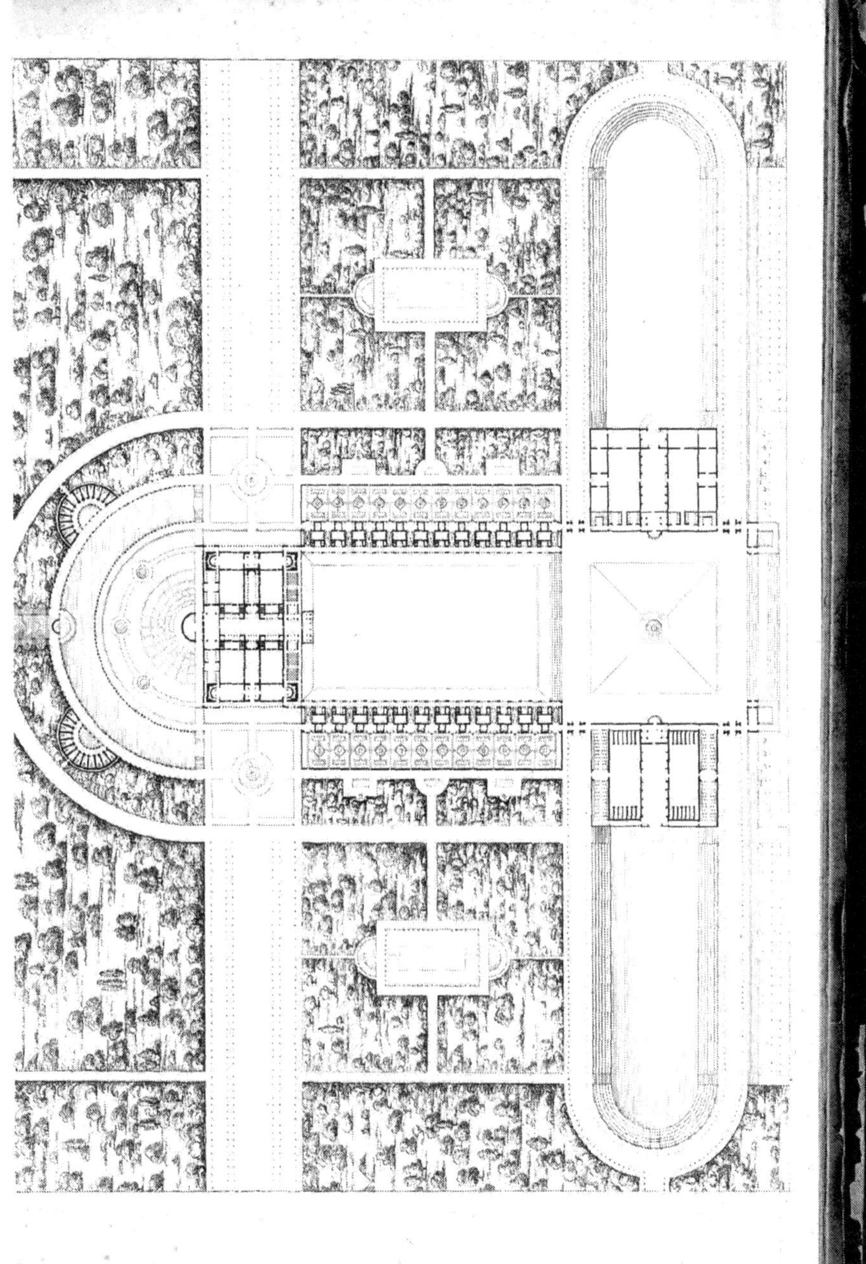

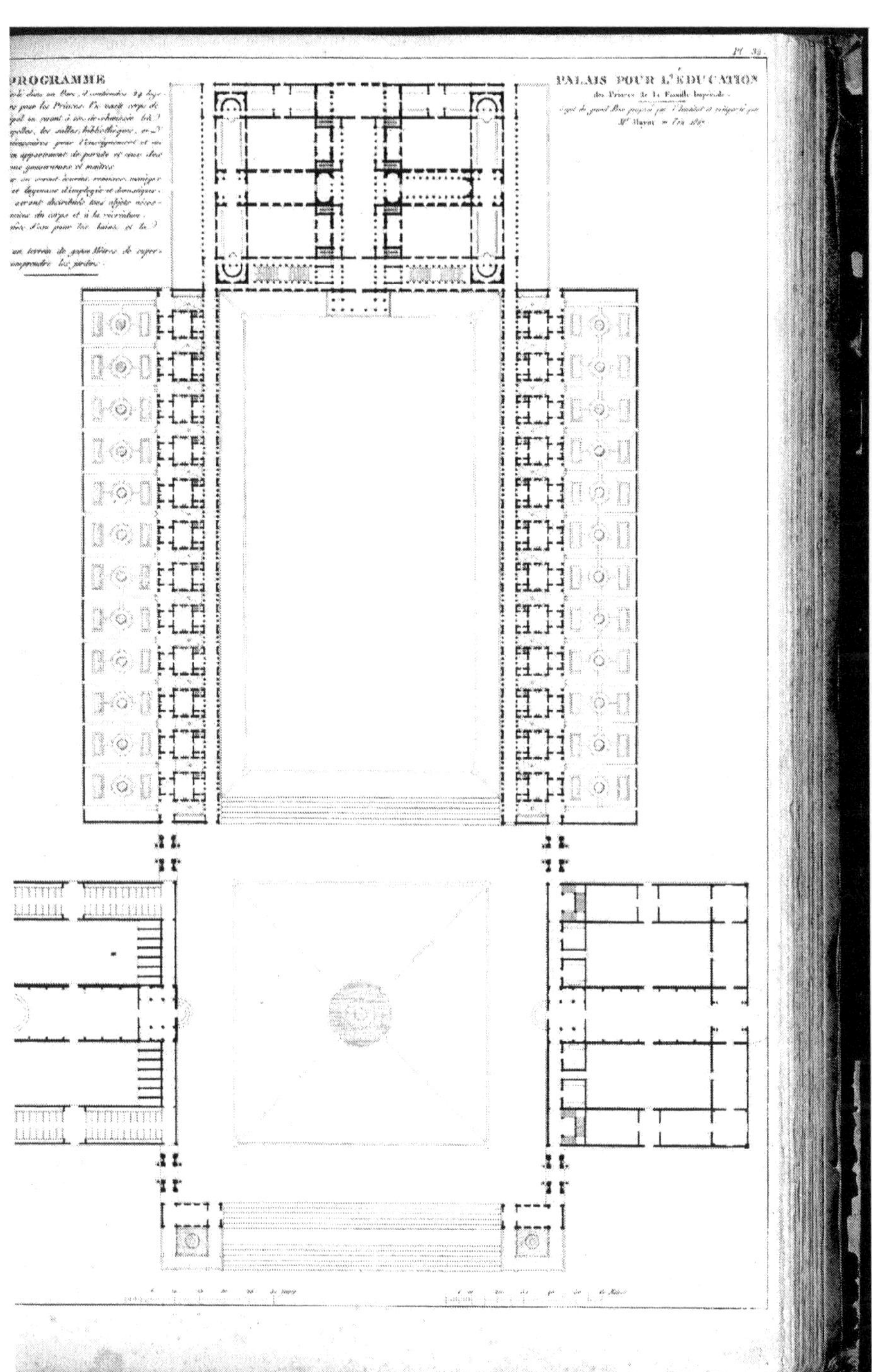
Pl. 39.
PALAIS POUR L'ÉDUCATION
des Princes de la Famille Impériale.
PROGRAMME

Pl. 33.

Élévation particulière du Palais d'Éducation,
par H. Meyer.

Façade générale du Palais d'Éducation par M. Hegel en 1807.

Pl. 34.

Pl. 36.

Coupe du Palais d'[illegible] par M. [illegible]

Pl. 36.

BAPTISTÈRE.

Prix d'Émulation remporté par Mr. Courtépée

en [illegible].

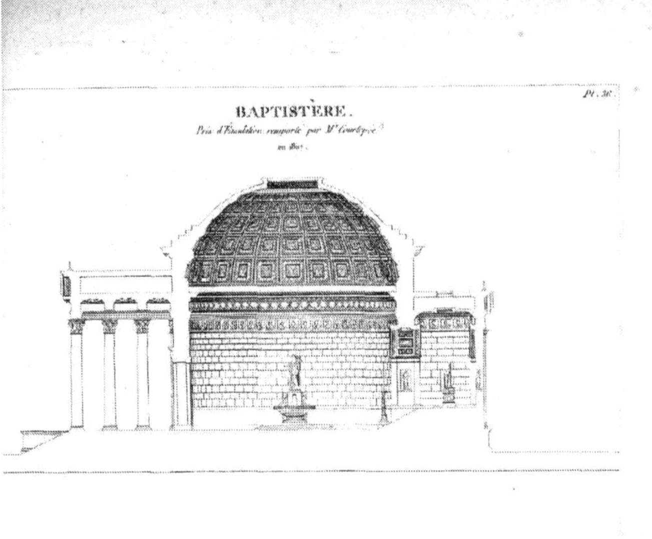

PROGRAMME

Baptistère, édifice isolé, près
Paroisse, à l'instar de
d'Italie. Un seul autel, les
Baptismaux au centre, le
pour les assistans. Deux petites
l'une pour le Clergé, l'autre
les Catéchumènes.
plus grande dimension extéri-
est de trente Mètres.

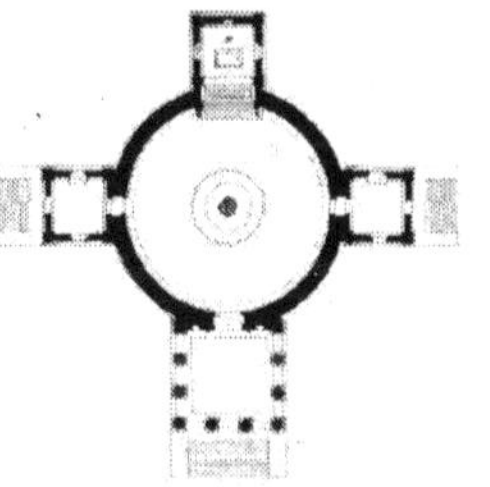

Echelles des Élévations.

Echelles du Plan.

PALAIS IMPERIAL.

1.er Grand Prix remporté par M.r [illegible], en 1809.

Plan général.

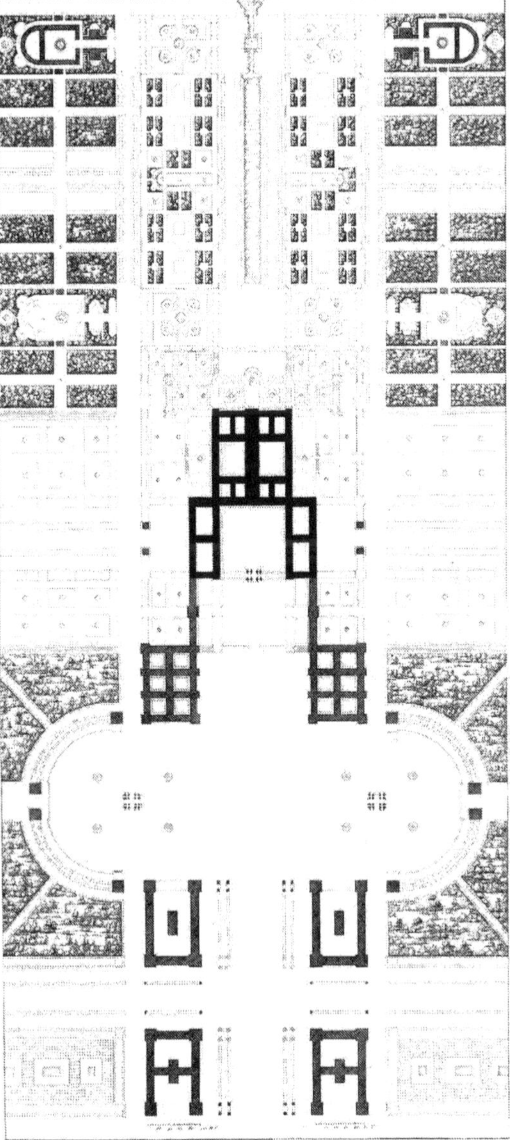

Palais Impérial par M. Lesueur.
1er grand Prix de 1809. Plan principal.

Pl. 38

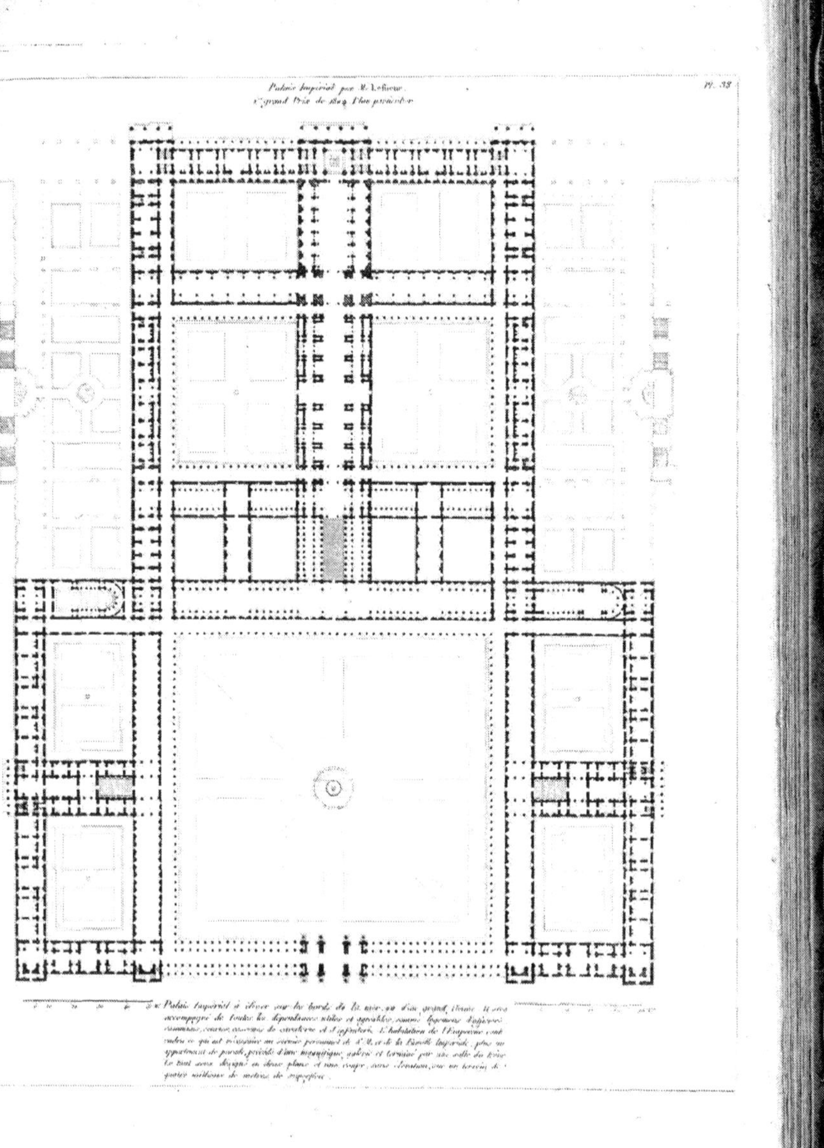

Palais Impérial à élever sur les bords de la mer, ou d'un grand fleuve. Il sera accompagné de toutes les dépendances utiles et agréables, comme logemens d'officiers, communs, écuries, manèges de cavalerie et d'infanterie. L'habitation de l'Empereur contiendra ce qui est nécessaire au service personnel de S. M. et de la Famille Impériale, plus un appartement de parade, précédé d'une magnifique galerie et terminé par une salle du trône. Le tout sera désigné en deux plans et une coupe, avec élévation, sur un terrain de quatre millions de mètres de superficie.

Coupe du Palais Impérial par M. Verdier.
1er germinal An 1804

Pl. 39

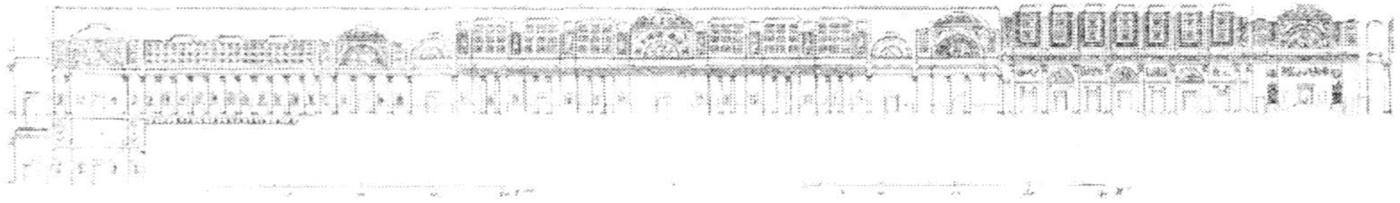

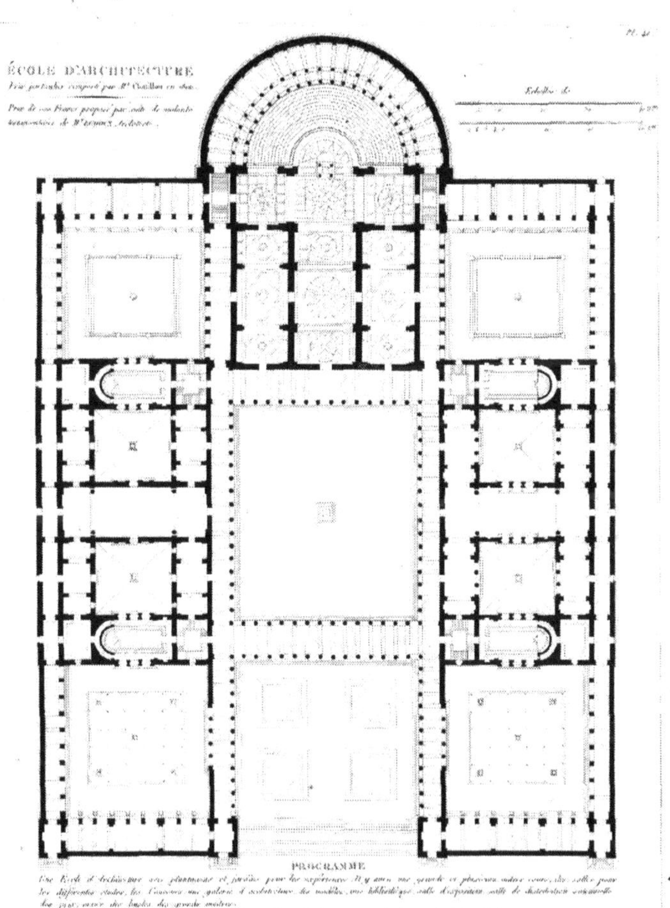
ÉCOLE D'ARCHITECTURE
PROGRAMME

Elévation de l'Ecole d'Architecture
de M. [illegible]

Pl. 41

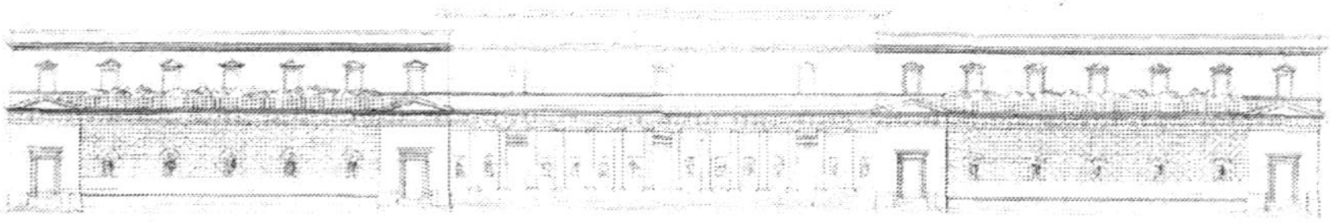

Echelle de [illegible]

Pl. 42.

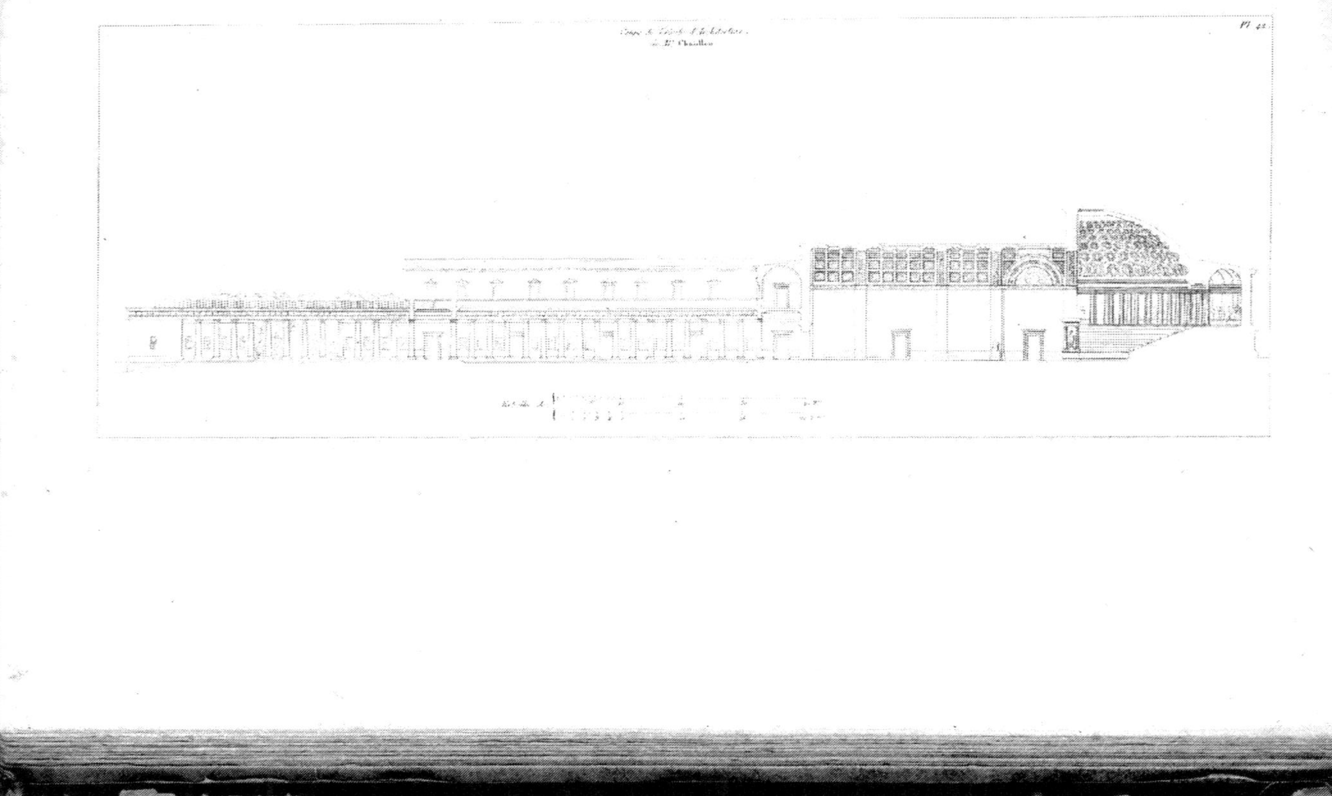

Projet d'un Edifice pour
L'INSTITUT IMPÉRIAL DE FRANCE,
Prix d'encouragement remporté par
M.r Normand, au salon de 18[illegible]3.

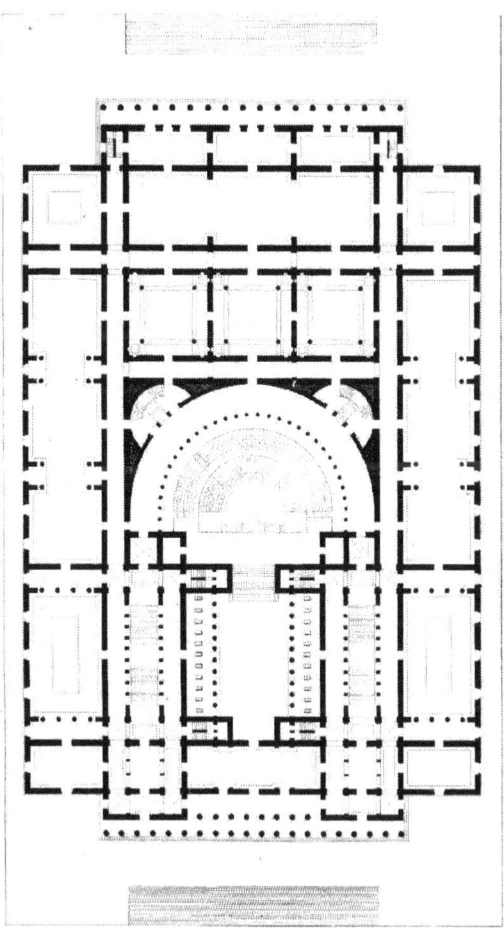

PROGRAMME

L'Institut Impérial de France, est un édifice consacré aux sciences, aux lettres et aux beaux arts. Il doit être isolé et contenir 1.° quatre salles pour les assemblées particulières des quatre classes qui sont, celle des sciences physiques et mathématiques, celle de la langue et littérature française; celle de l'histoire et littérature ancienne et celle des beaux arts. 2.° des salles de comités particulières 3.° des galeries de physique, mécanique et d'objets d'arts, 4.° une bibliothèque étendue; 5.° un secrétariat et ses bureaux, 6.° et enfin une vaste salle d'assemblée pour les séances publiques et distribution de prix, laquelle salle doit être précédée de péristile, vestibule, salle d'introduction &.c

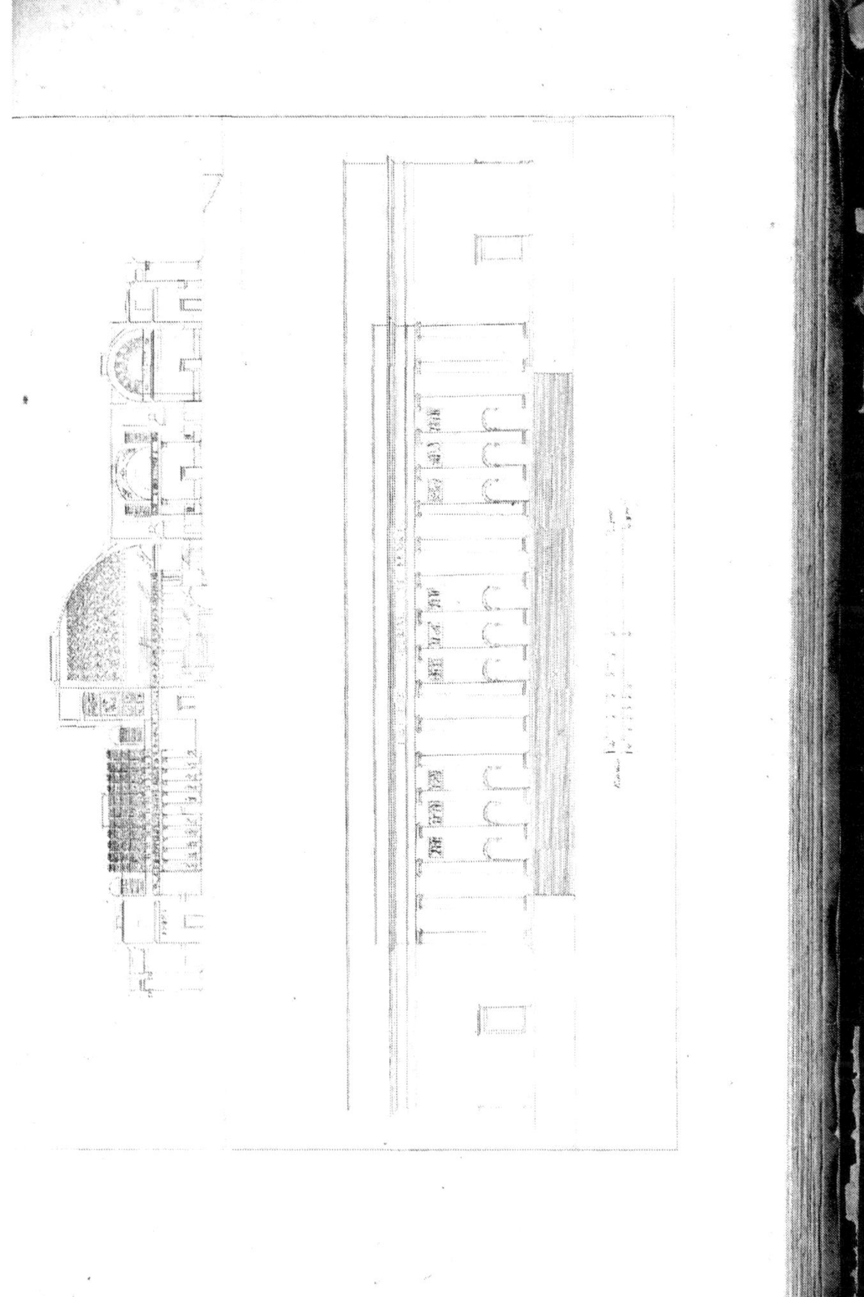

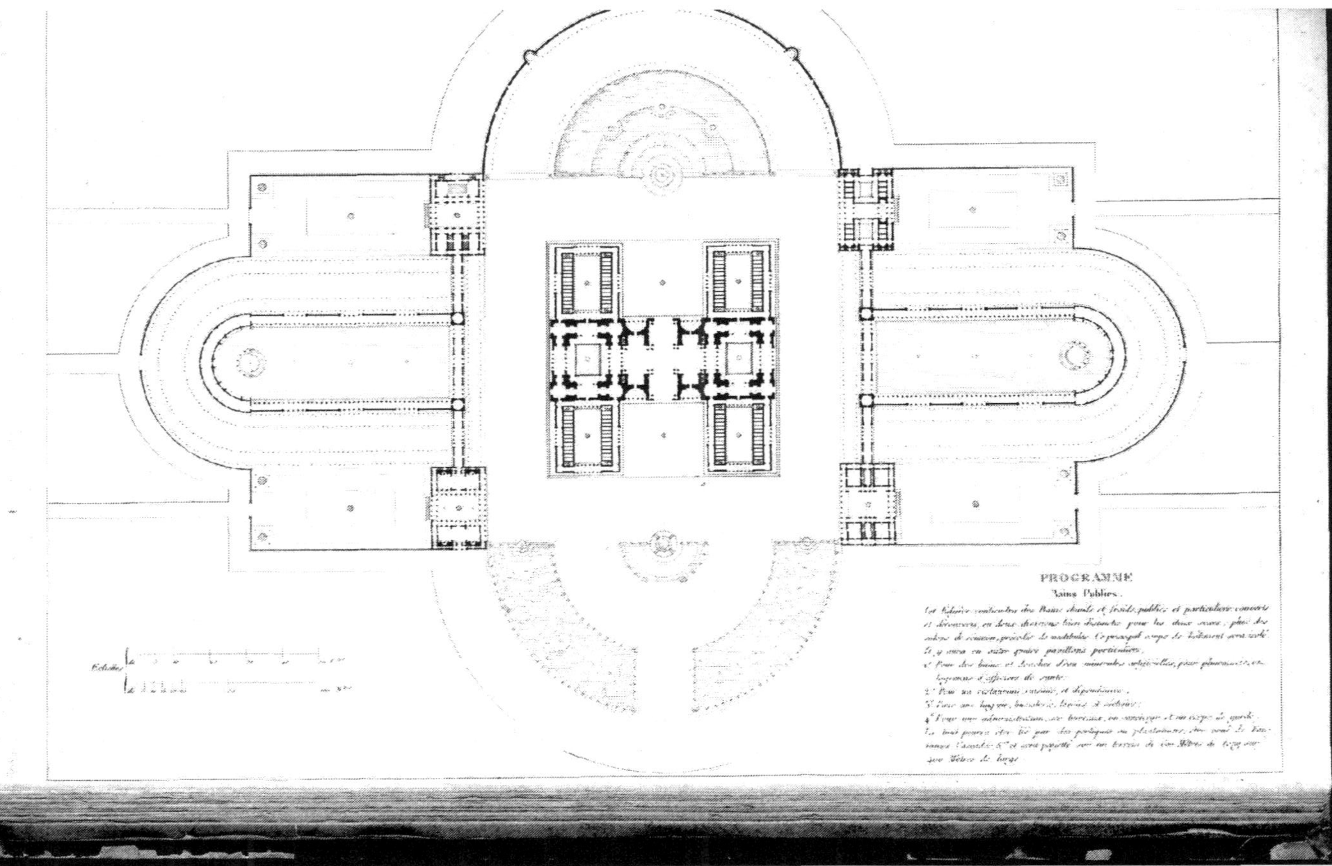
PROGRAMME
Bains Publics.

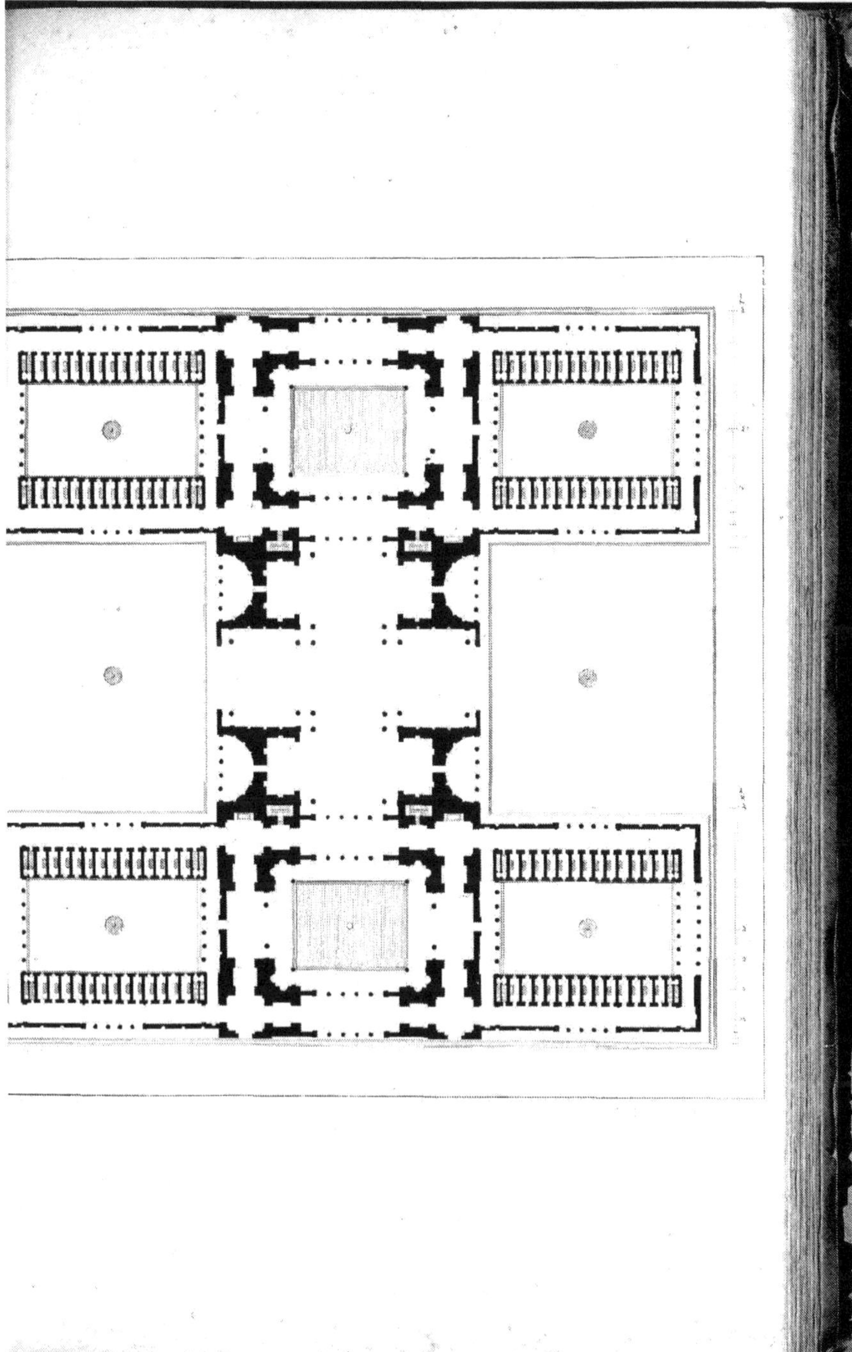

Pl. 4e.

Bains publics par Mr [illegible], en 1808.

Façade principale.

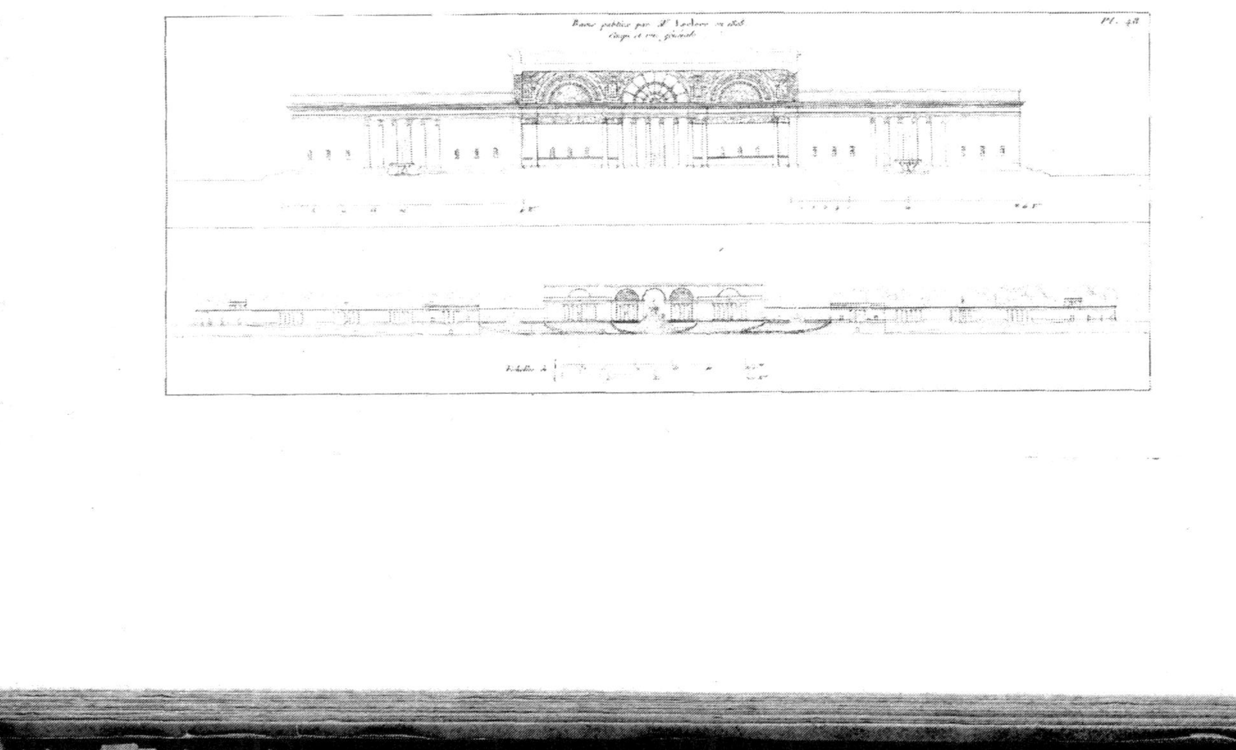
Pl. 48

ÉGLISE DÉDIÉE A LA TRINITÉ

Prix d'émulation remporté par Mr Caristie

en [illegible]

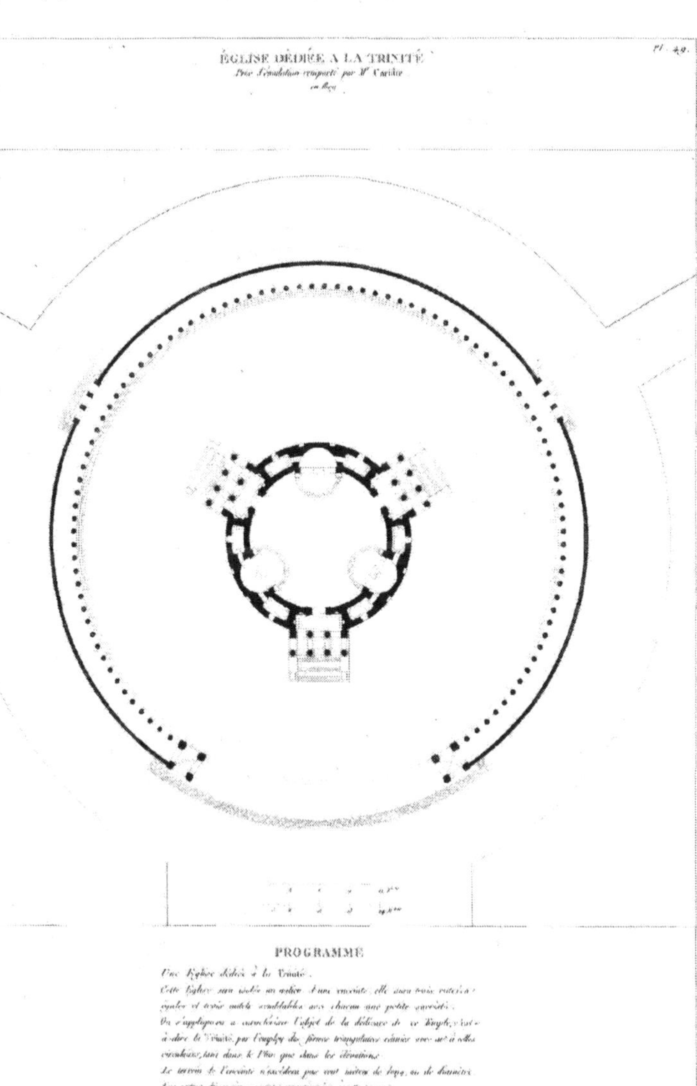

PROGRAMME

Une Église dédiée à la Trinité.

Cette Église sera isolée au milieu d'une enceinte; elle aura trois entrées égales et trois autels semblables avec chacun une petite sacristie.

On s'appliquera à caractériser l'objet de la dédicace de ce Temple, c'est-à-dire la Trinité, par l'emploi des formes triangulaires réunies avec art à celles circulaires, tant dans le Plan que dans les élévations.

Le terrain de l'enceinte n'excédera pas cent mètres de long, ou de diamètre.

Les autres dimensions seront proportionnées à cette mesure.

Tracé par Mr Caristie
Élévation générale
Pl. 30

ÉGLISE CATHÉDRALE

Premier Grand Prix, remporté par Mr Chatillon, en 1809.

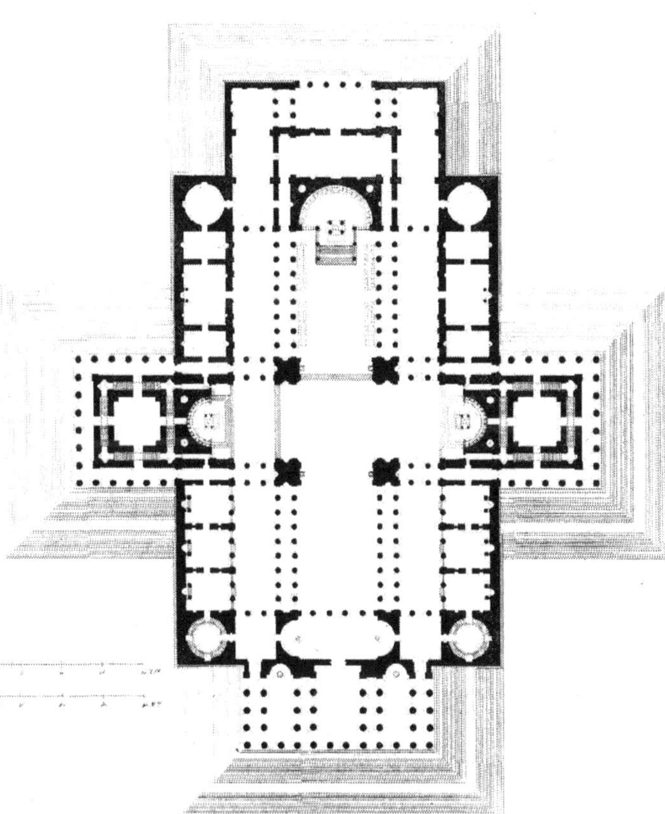

PROGRAMME

Une Église Cathédrale isolée de toutes parts. On sera libre d'employer ou de rejetter le couronnement avec dôme. Deux tours sont d'obligation : elles pourront être en avant ou en arrière de l'édifice, y être liées ou en être détachées.

Le sol intérieur s'élevera graduellement du portail au sanctuaire. Outre les chapelles ordinaires il y en aura deux plus distinguées, destinées à la Vierge et à la Communion.

On pratiquera deux sacristies, un trésor, un buffet d'orgues et une chaire à prêcher. Le tout sur un terrain dont la plus grande dimension n'excédera pas 200 toises.

Pl. 47

Eglise cathédrale. Elévation.
par M. Chatillon, en 1809

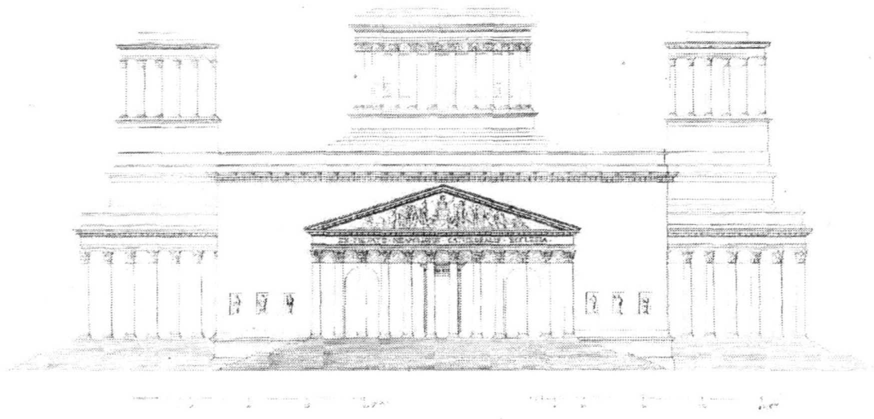

par Mr. Chatillon, en [illegible]

PAVILLON DE VINGT COLONNES
Pl. 53.
PROGRAMME
Echelle du Plan
Echelle des Elévation et Coupe

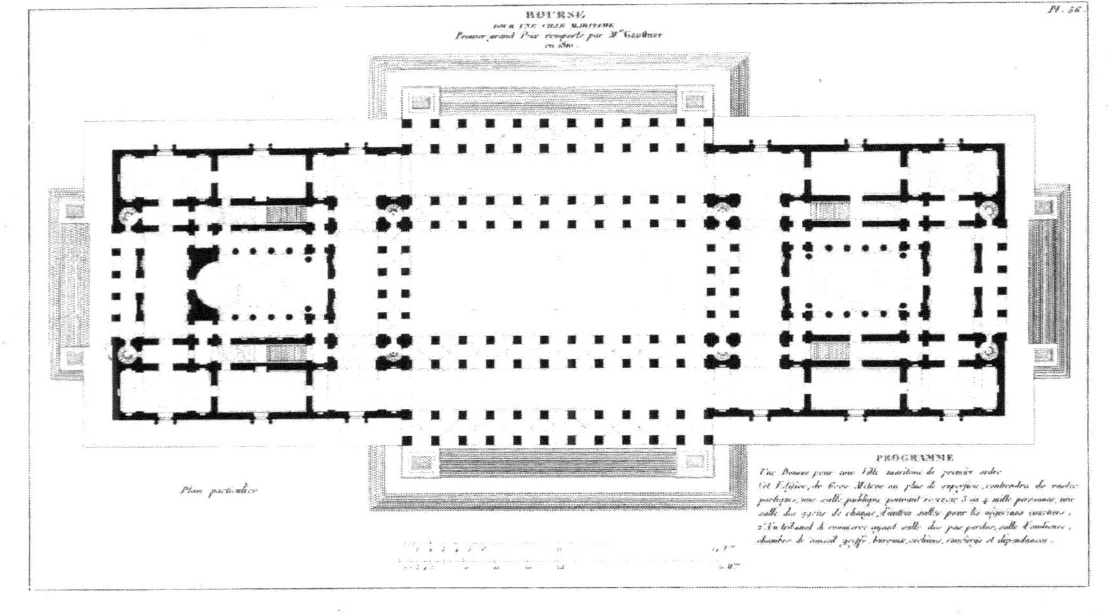

BOURSE

POUR UNE VILLE MARITIME

Premier grand Prix remporté par M.r Gauthier en 1810.

Pl. 56.

Plan particulier

PROGRAMME

Une Bourse pour une Ville maritime de premier ordre.

Cet Édifice, de 6000 Mètres en plan de superficie, contiendra de vastes portiques, une salle publique pouvant recevoir 3 ou 4 mille personnes, une salle des agens de change, d'autres salles pour les négocians courtiers, 2° Un tribunal de commerce ayant salle des pas perdus, salle d'audience, chambre de conseil, greffe, bureaux, archives, concierge et dépendances.

Pl. 3.

Élévation de la Bourse de Mr Gauthier.
1er grand Prix de 1810.

Coupe sur la longueur de la Bourse de M. Gauthier,
1er grand Prix de 1810.

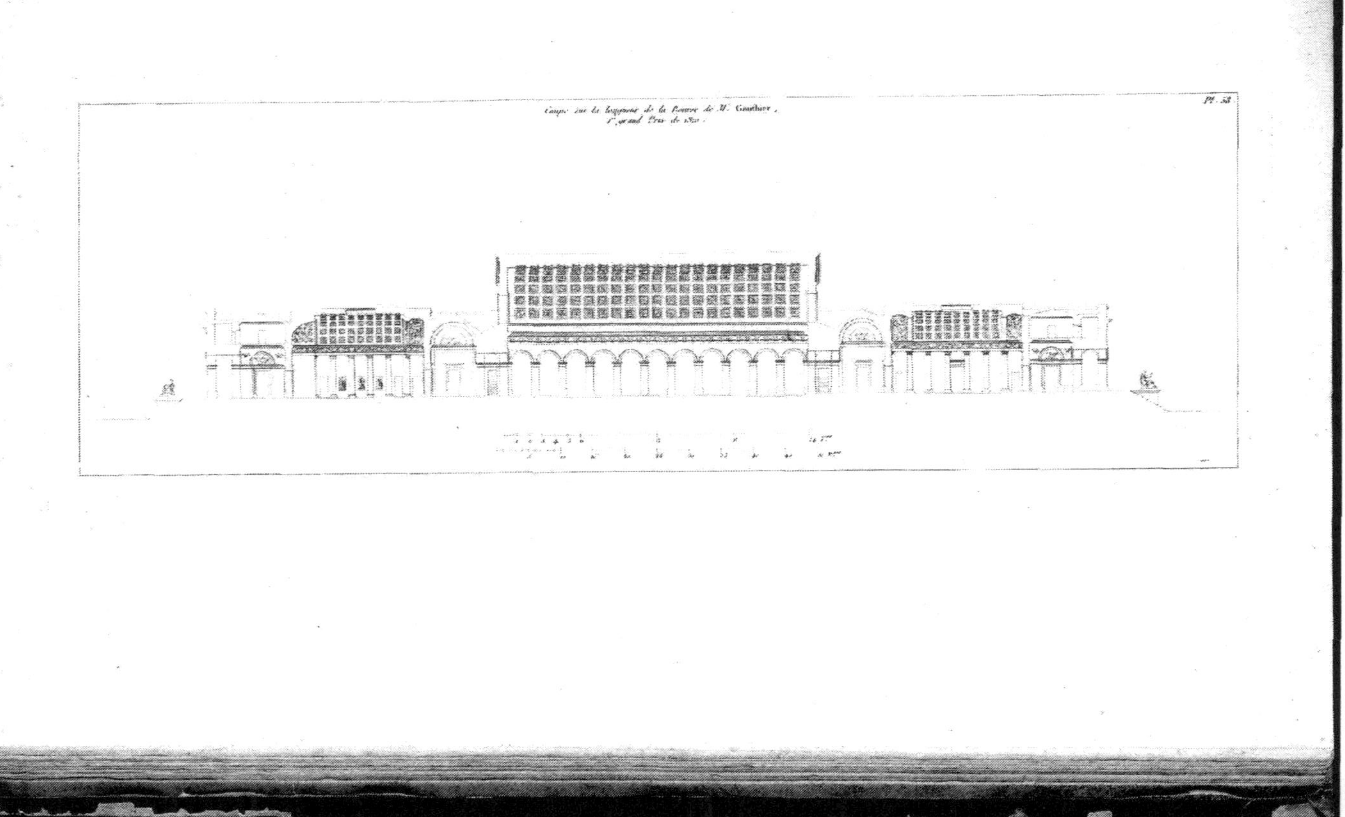

Plan général et Coupe sur la largeur de la Bourse de M. Gauthier,
1er grand Prix de 1810.

Pl. 59.

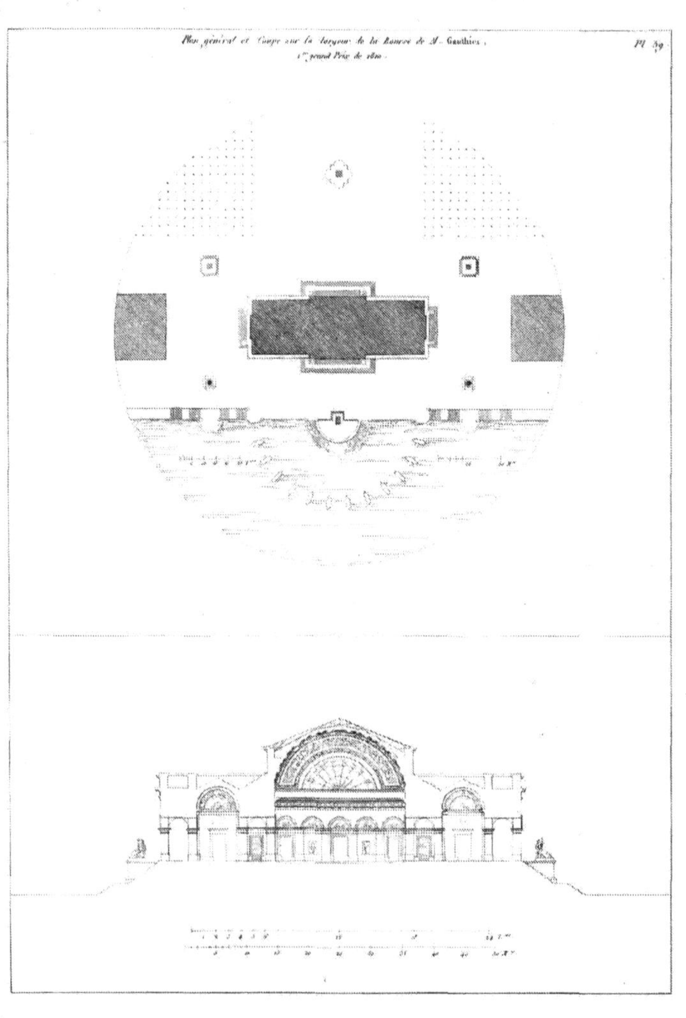

PAVILLON DE BAINS

Prix d'émulation remporté par M.r [illegible] en 1807

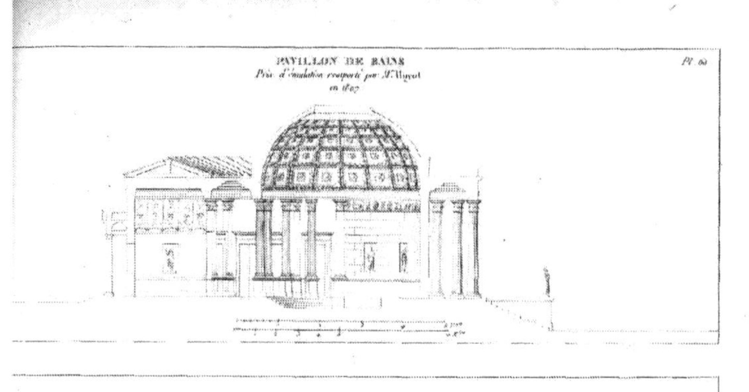

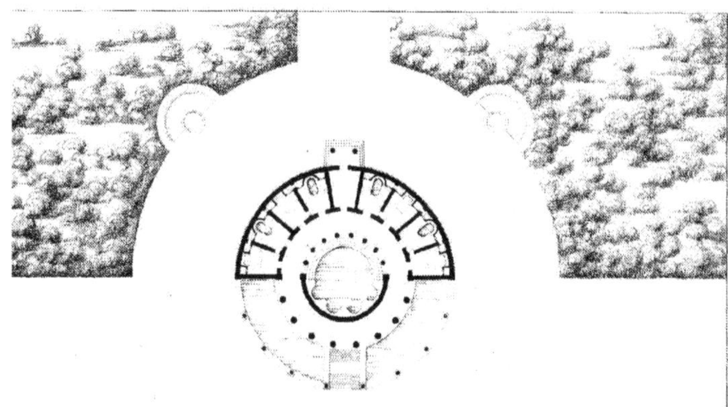

PROGRAMME

Un Pavillon de Bains situé à l'extrémité d'un Parc, près du principal corps de logis d'une maison de plaisance. Il contiendra un appartement de bains complet pour la distribution et l'agrément, disposé de manière que trois ou quatre personnes puissent s'y baigner ensemble, ou séparément.

Les dimensions sont, pour le Pavillon 20 Mètres au plus d'étendue, et pour le parterre où il sera situé 40 Mètres au plus d'étendue.

ÉCOLE DE BOTANIQUE

Pl. 61

Prix d'Émulation Remporté par Mr Vauchelet l'ainé en 1808.

Élévation Générale

Échelles de l'Élévation / du Plan

Plan Général

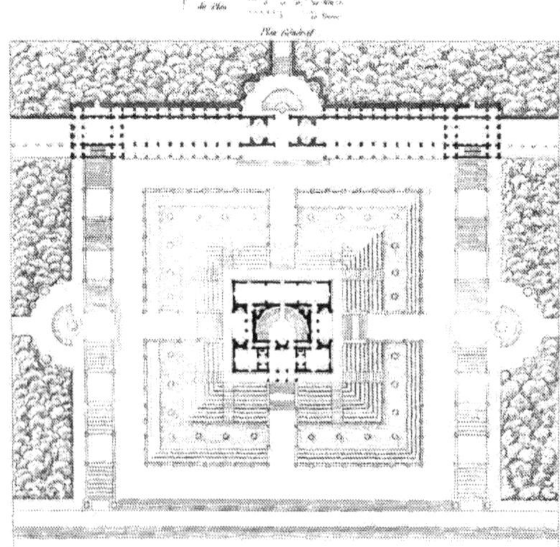

PROGRAMME

Une École de Botanique au milieu d'un Jardin des Plantes. Le Bâtiment principal contiendra au centre, une grande Salle pour les Cours publics, une Galerie pour l'Herbier et Bibliothèque, deux logements de Professeurs, un vaste Bassin, dont les bords en Amphithéâtre recevront des Plantes aquatiques à différentes expositions, au Pourtour des Serres chaudes, logements de Jardiniers et autres accessoires.
Le bâtiment de l'École aura quarante Mètres dans sa plus grande dimension, le Jardin sera en proportion mais moins déterminé.

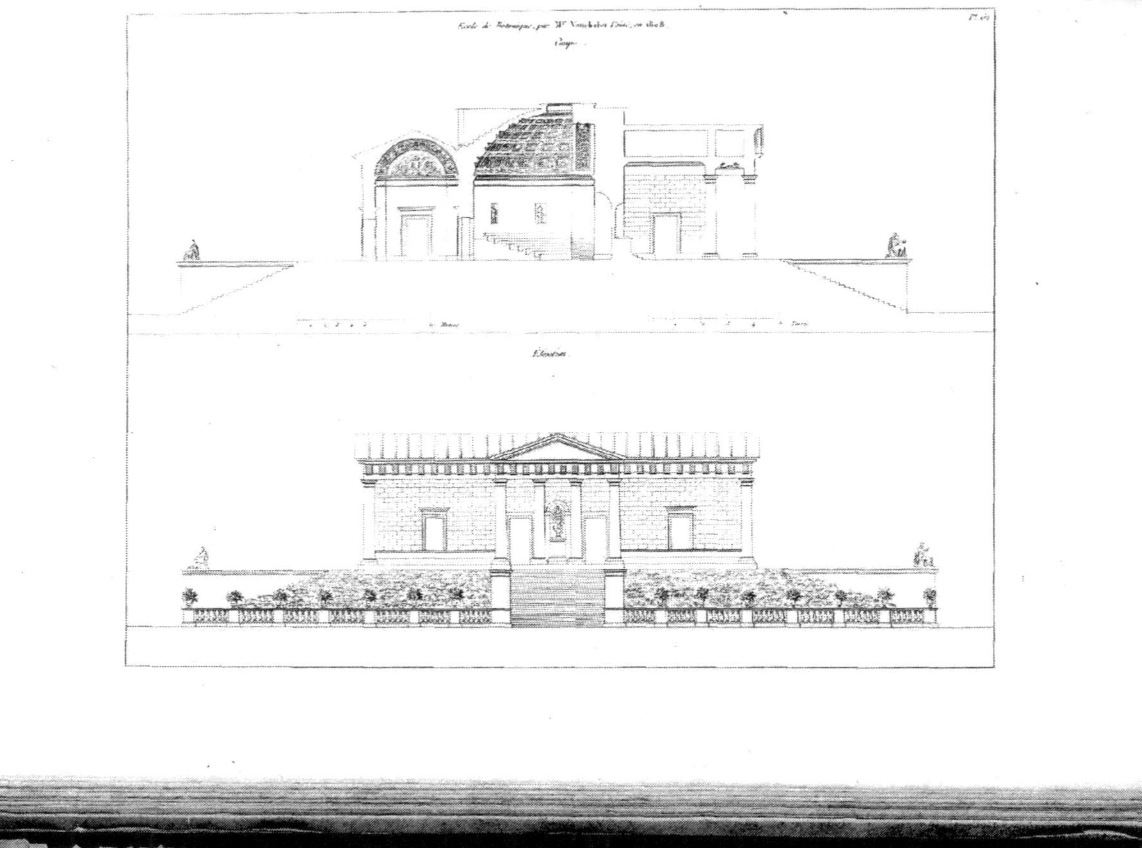
Coupe.
Élévation.

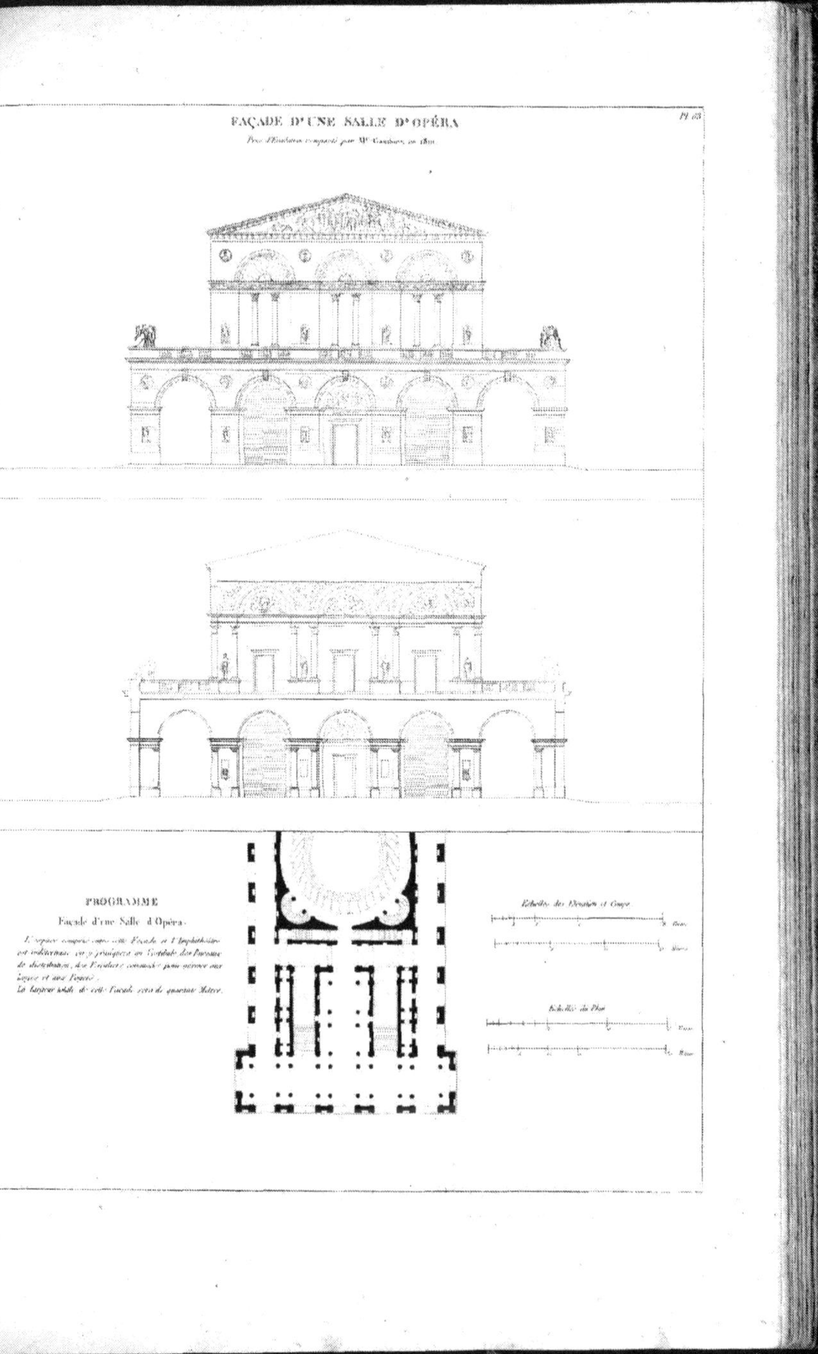
FAÇADE D'UNE SALLE D'OPÉRA
Pl. 63
PROGRAMME
Façade d'une Salle d'Opéra.

Pl. 64
BOURSE
POUR UNE VILLE MARITIME.
Echelles
Toises
Mètres
PROGRAMME
Le Programme est détaillé avec le Projet de Mr Gauthier, qui a remporté le 1er Prix sur le même sujet, et qui est Gravé Planche 56ème de cette Collection.

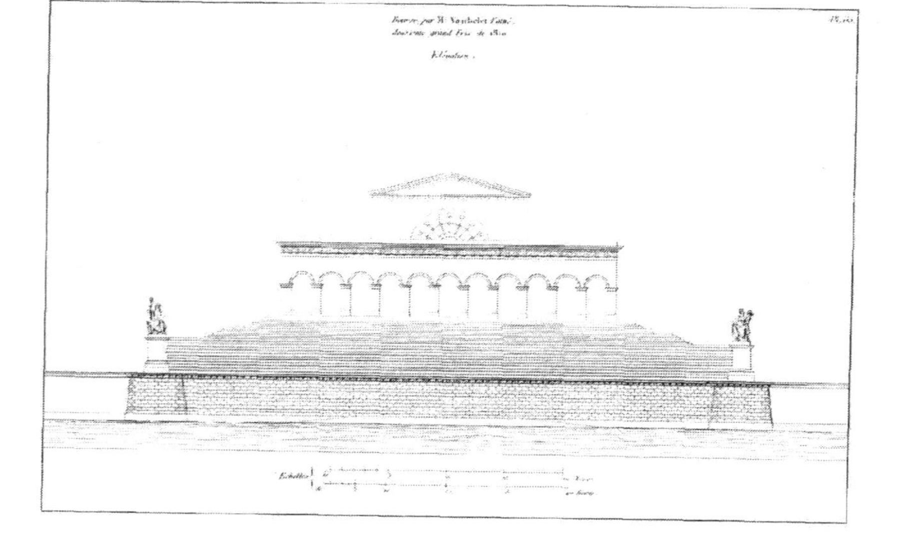
Élévation.
Echelle

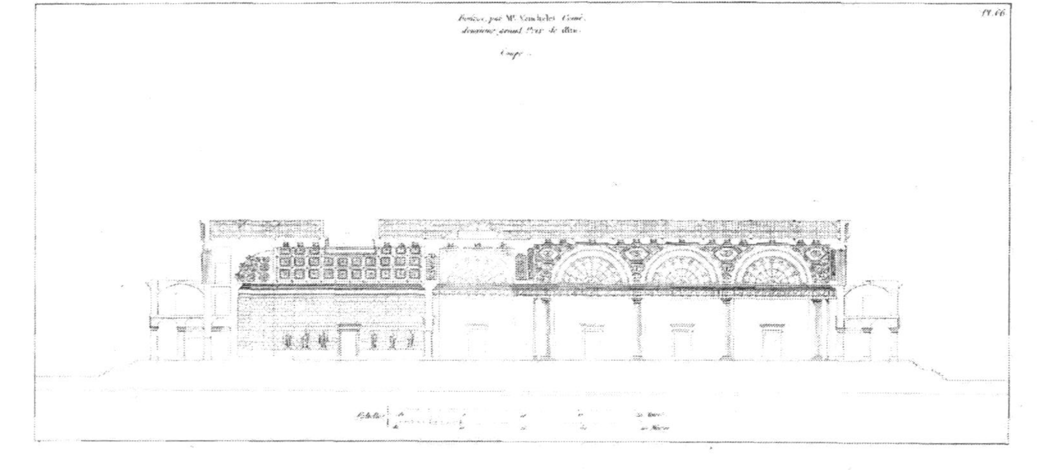
Pl. 66
Coupe.

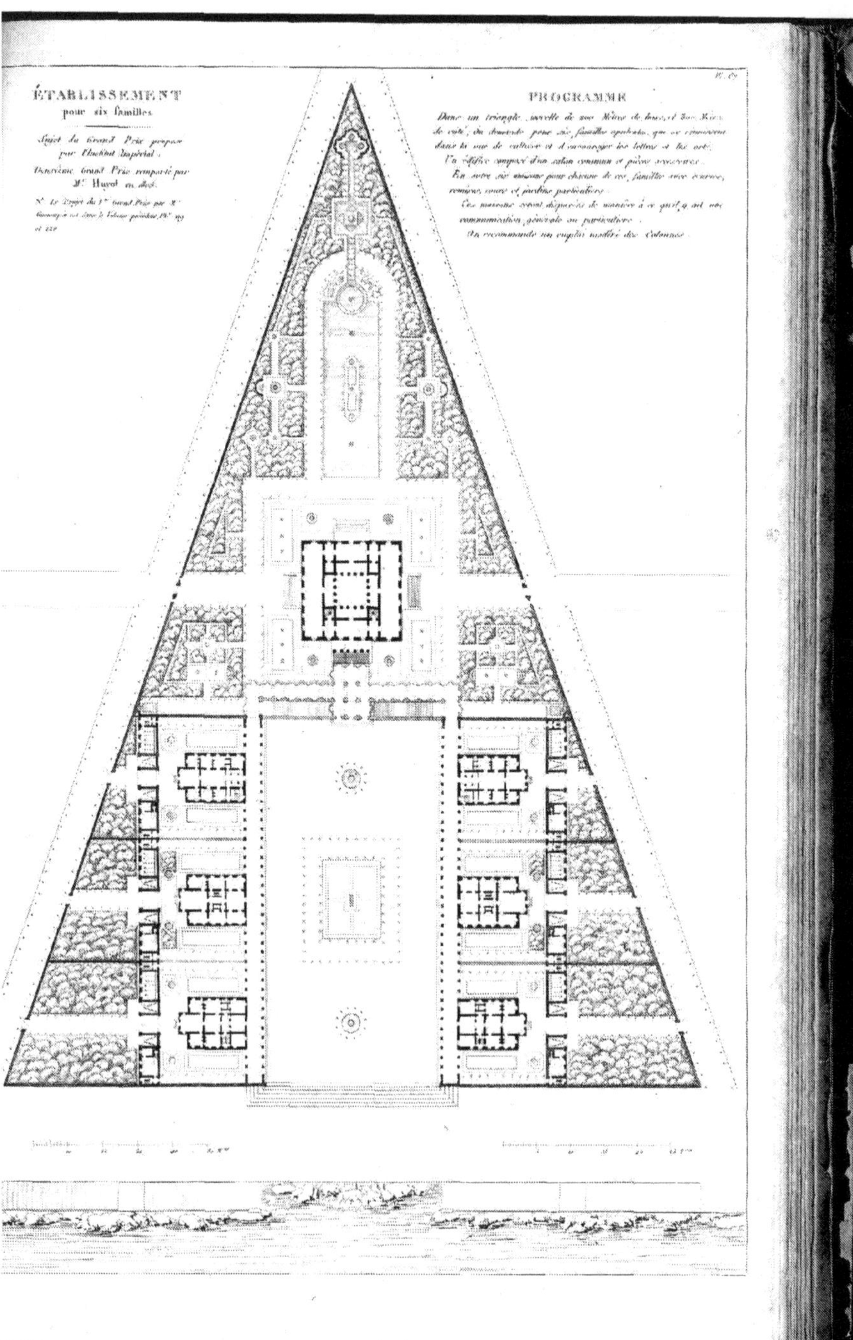
ÉTABLISSEMENT
pour six familles
Sujet du Grand Prix proposé par l'Institut Impérial.
Deuxième Grand Prix remporté par M.r Huyot
PROGRAMME

Pl. 62

Élévation
du Projet d'établissement de 4 familles,
2e grand Prix par Mr Huyot,
en [illegible]

Pl. 69

Coupe

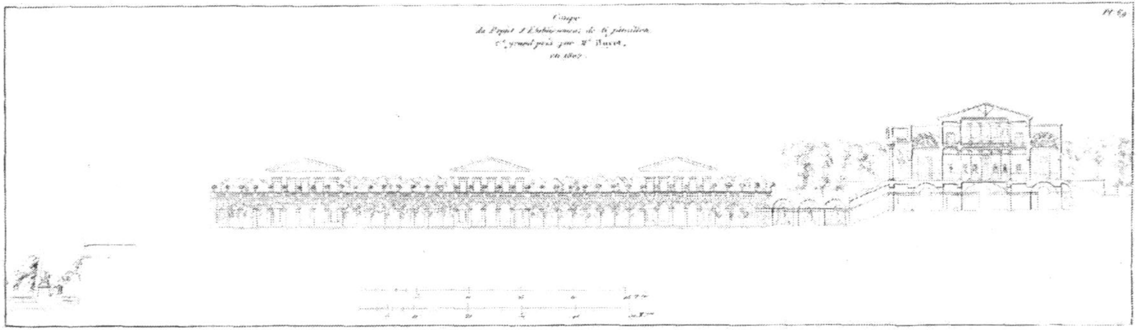

du Projet d'Établissement de la [illegible]

[illegible] par M. [illegible]

[illegible]

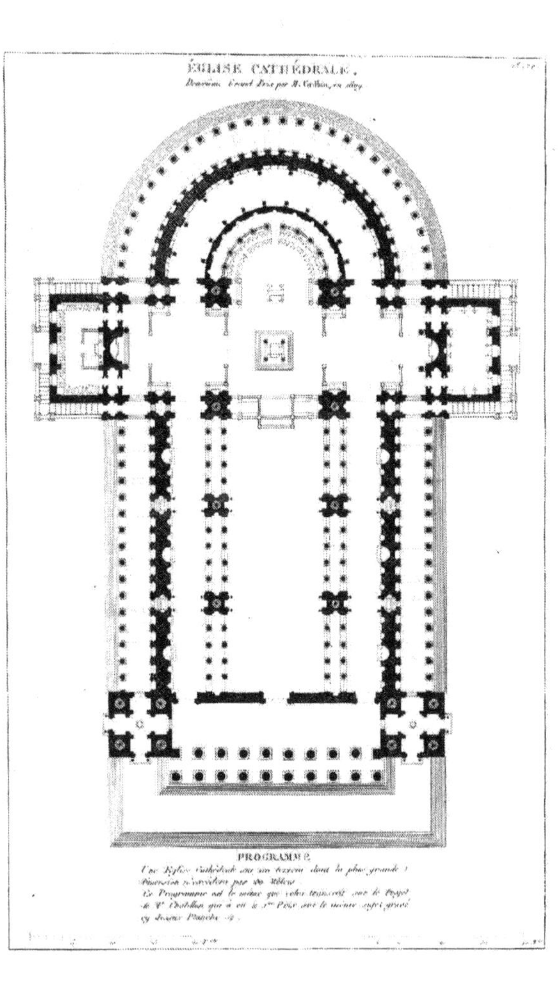
ÉGLISE CATHÉDRALE,
PROGRAMME

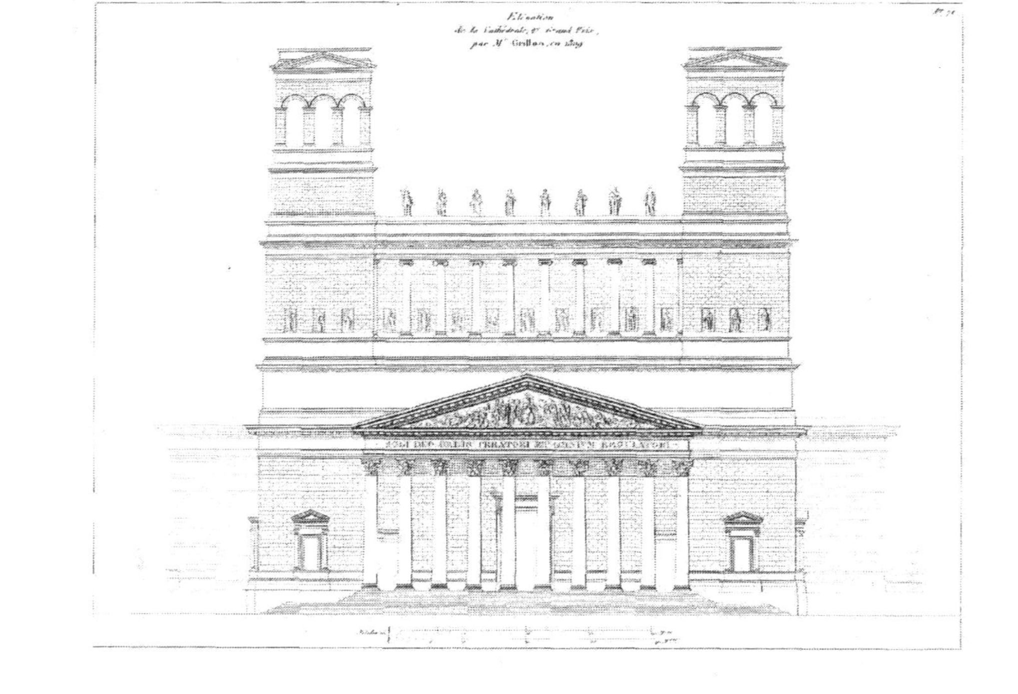

Pl. 71

Élévation
de la Cathédrale, 1er Grand Prix,
par Mr Grillon, en 1809

Pl. 77.

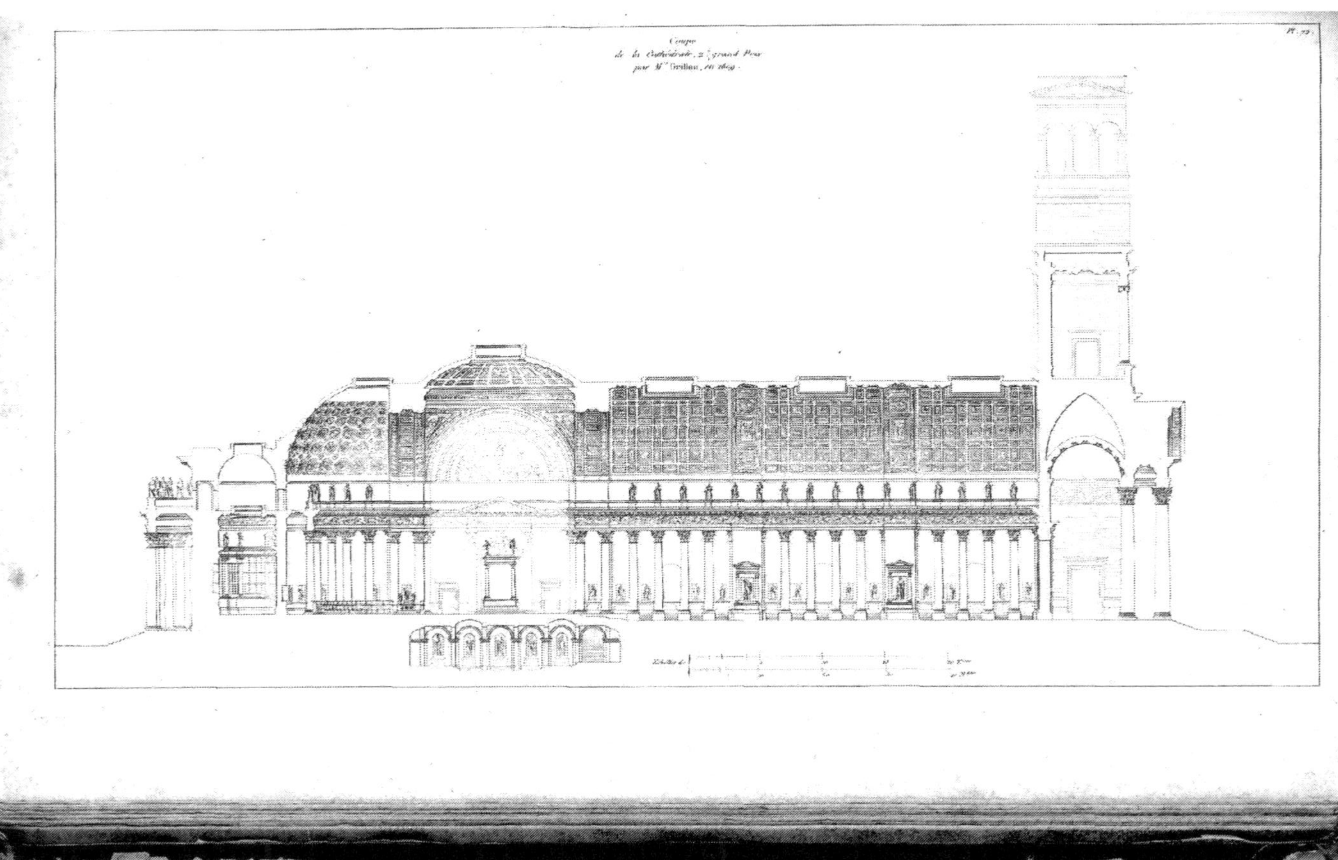

Coupe
de la Cathédrale, 2.e grand Prix
par M.r Grillon, en 1809.

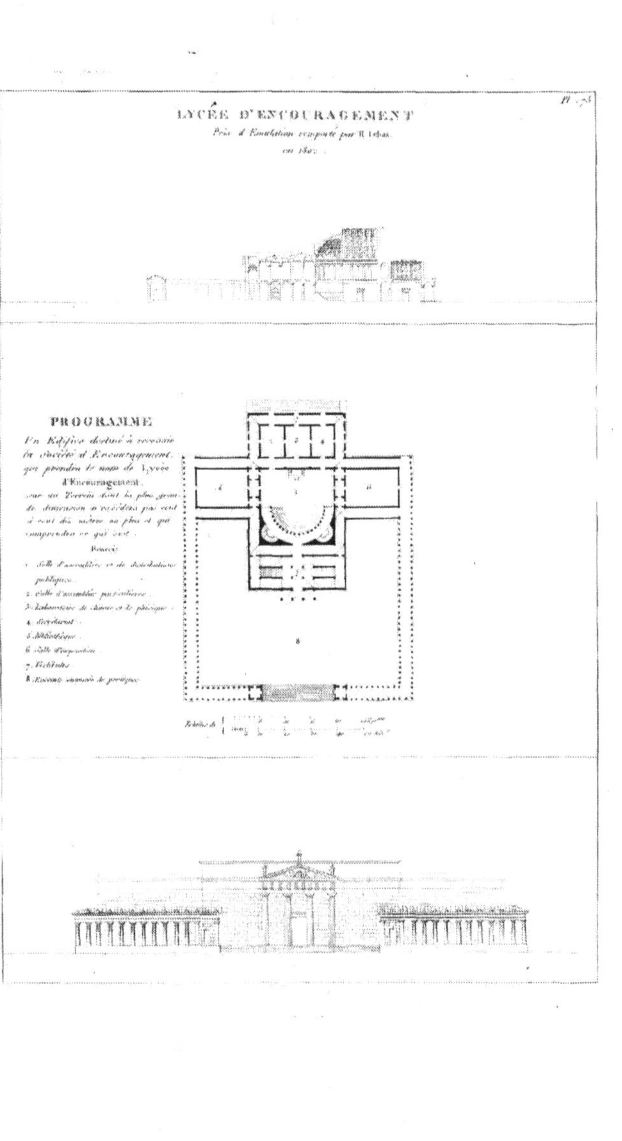
LYCÉE D'ENCOURAGEMENT
Prix d'Émulation composé par H. Lebas.
PROGRAMME
d'Encouragement.

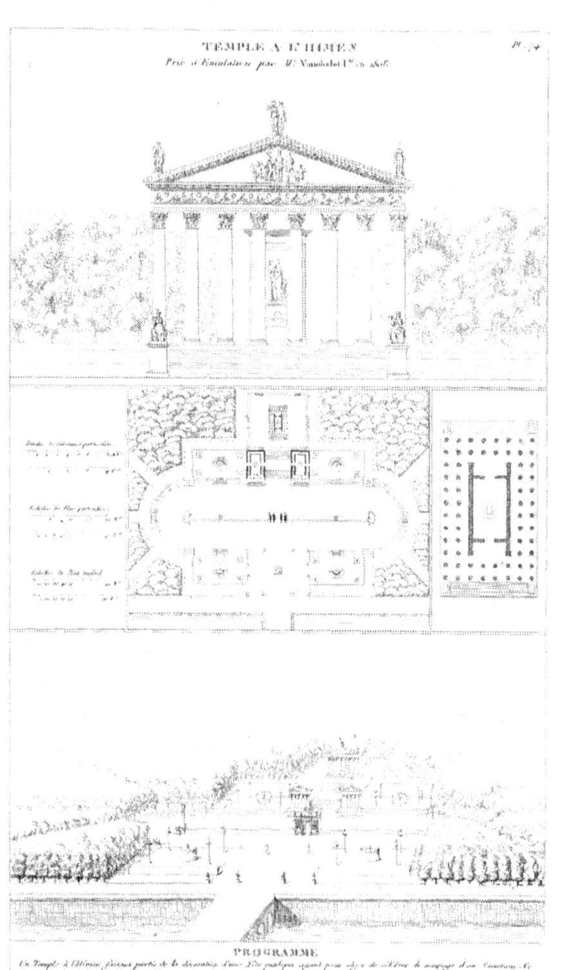

TEMPLE A L'HIMEN
Pl. 74
PROGRAMME

PALAIS POUR L'UNIVERSITÉ IMPÉRIALE

Premier Grand Prix remporté par M.r Provost,

en 18[illegible]

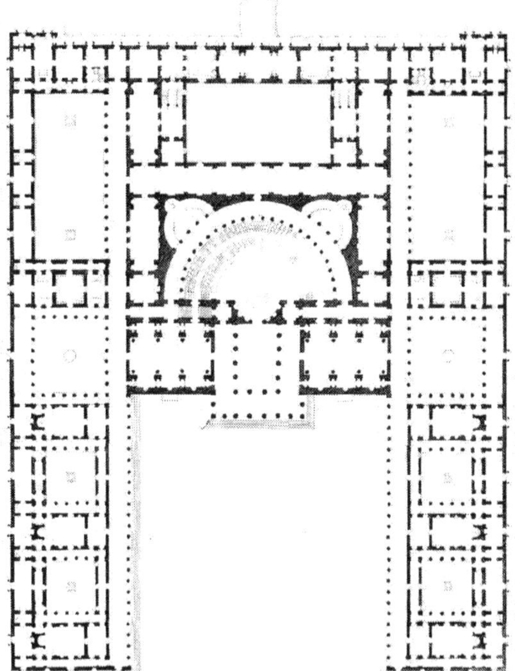

PROGRAMME

Un Palais destiné à servir de chef-lieu au Corps composant l'Université Impériale. L'ensemble de cet Edifice embrassera plusieurs corps de bâtimens séparés par des cours et liés par des portiques ou Galleries. Autour de la cour principale, seront les salles des cinq Facultés et une chapelle. Au fond de cette cour, sera le corps de bâtiment principal, qui contiendra au rez-de-chaussée, une grande salle des actes servant aux distributions publiques des prix; un appartement de parade d'Administration et d'habitation pour S. E. le Grand Maître, et de grands escaliers; au premier étage, la bibliothèque et les archives. Plus deux cours secondaires, l'une pour la trésorerie, ses bureaux, logemens et dépendances; l'autre pour la chancellerie, ses bureaux, logemens et dépendances. Le tout sur un terrain dont la superficie n'excédera pas [illegible] mètres.

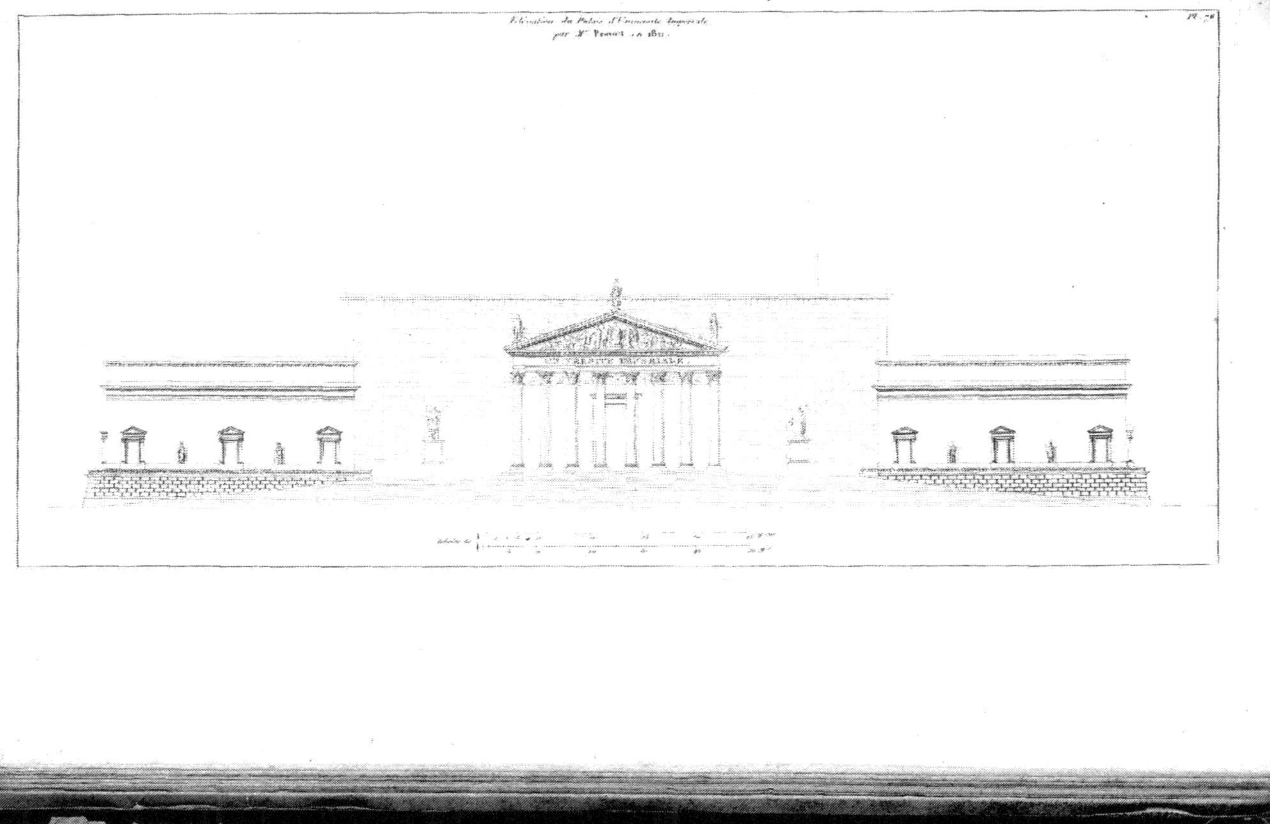

Élévation du Palais d'Université Impériale
par Mr Peyret, en 1811.

Pl. 77

Coupe du Palais d'Université Impériale.

par M.r Provost en 18[illegible].

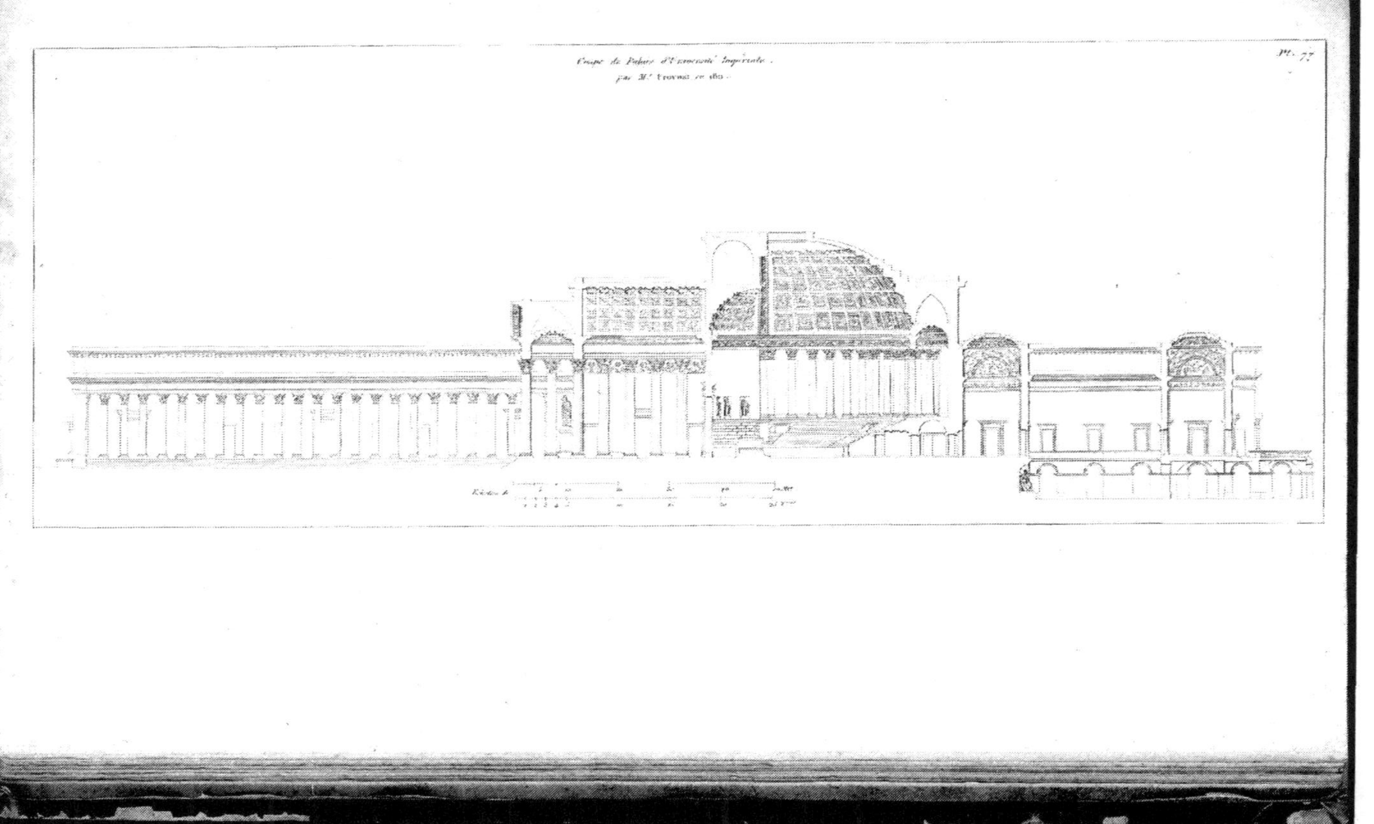

TROIS HOTELS

sur un Terrein irrégulier.

Prix d'Emulation par M.r Caristie, en 1813.

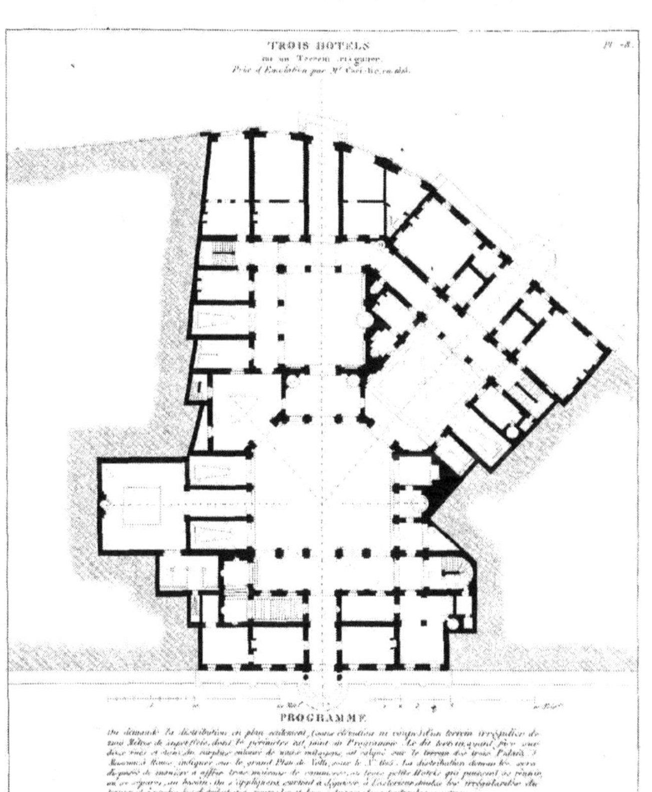

PROGRAMME

On demande la distribution en plan seulement, (sans élévation ni coupe) d'un terrein irrégulier de [illegible] Mètres de superficie, dont le périmètre est joint au Programme. Le dit terrein, ayant face sur deux rues et étant du surplus entouré de murs mitoyens, est calqué sur le terrein des trois Palais Massimi à Rome, indiqué sur le grand Plan de Nolli, sous le N.° 665. La distribution demandée sera disposée de manière à offrir trois maisons de commerce, ou trois petits Hôtels qui puissent se réunir ou se séparer, au besoin. On s'appliquera surtout à dissimuler à l'extérieur toutes les irrégularités du terrein et à rendre les distributions commodes et bien éclairées, dans toutes les parties.

PALAIS IMPÉRIAL

2.me Grand Prix remporté par M.r Chatillon, en 1804.

Plan Général.

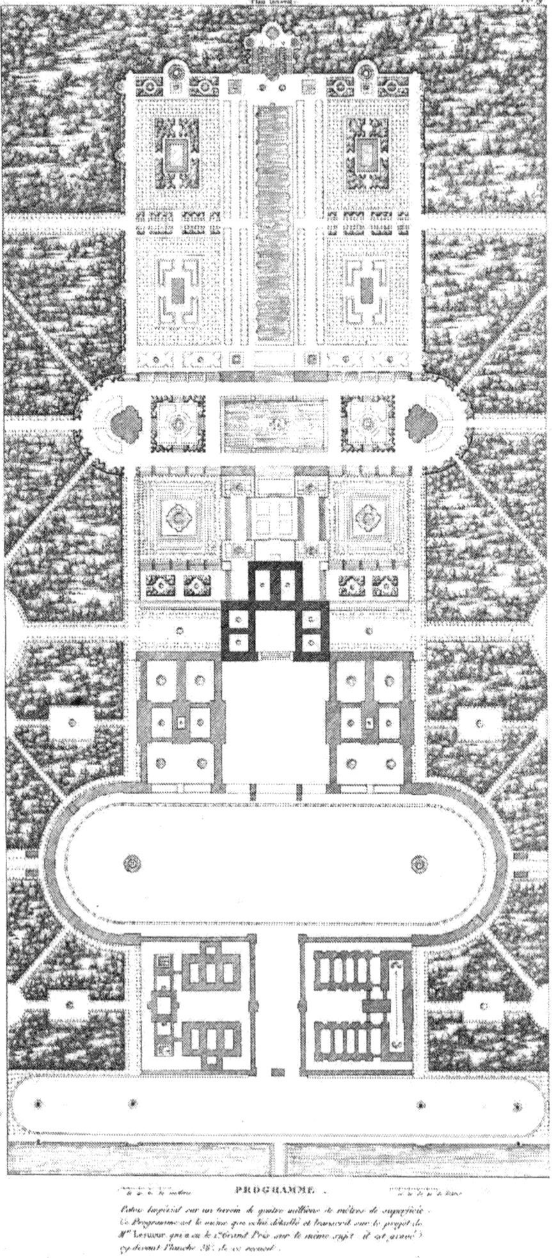

Pl. 79

PROGRAMME.

Palais Impérial sur un terrain de quatre millions de mètres de superficie. Ce Programme est le même que celui détaillé et transcrit sur le projet de M.r Lesueur qui a eu le 1.er Grand Prix sur le même sujet. il est gravé ci-devant Planche 38.e de ce recueil.

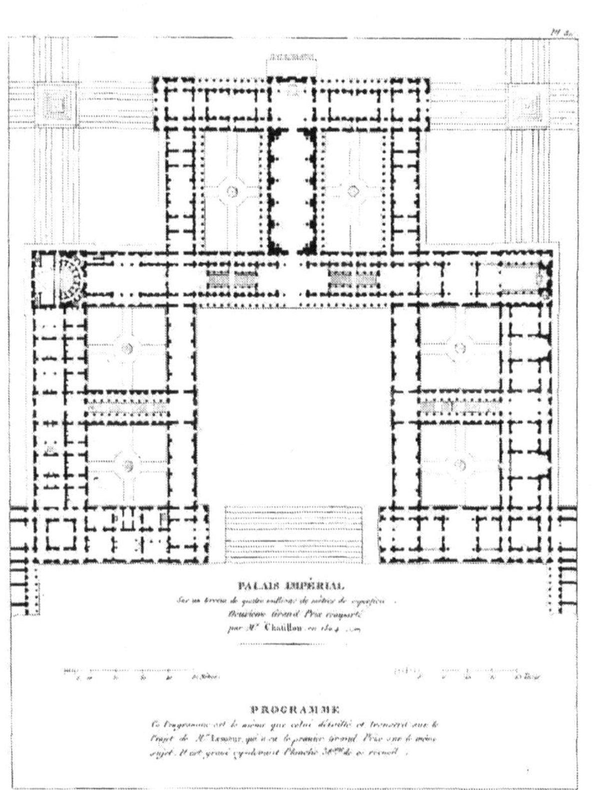

PALAIS IMPÉRIAL

Sur un terrain de quatre millions de mètres de superficie.
Deuxième Grand Prix remporté
par Mr. Chatillon en 1804.

PROGRAMME

Ce Programme est le même que celui détaillé et transcrit avec le Projet de Mr. Lesueur, qui a eu le premier Grand Prix sur le même sujet. Il est gravé également Planche 36me de ce recueil.

Coupe du Palais Impérial de M.t Chatillon,
2.me Grand Prix de 1804.

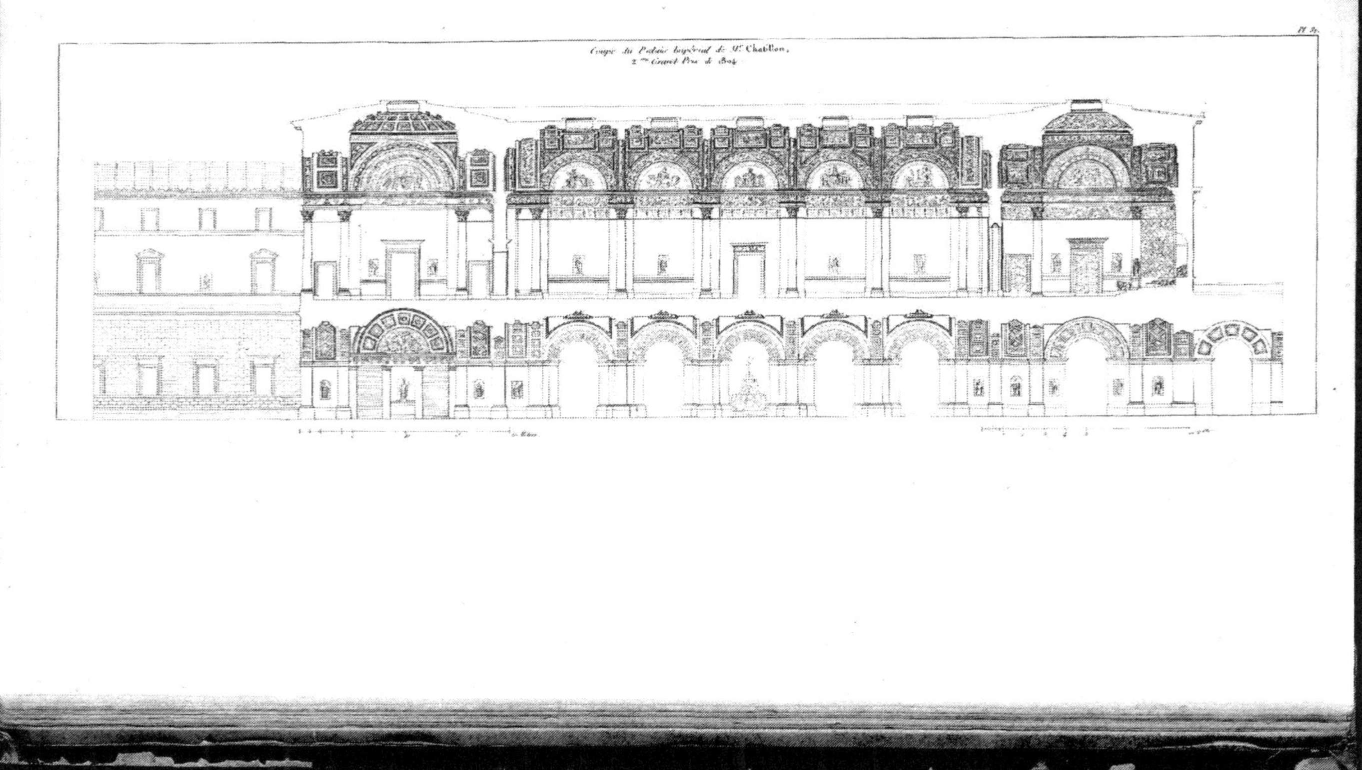

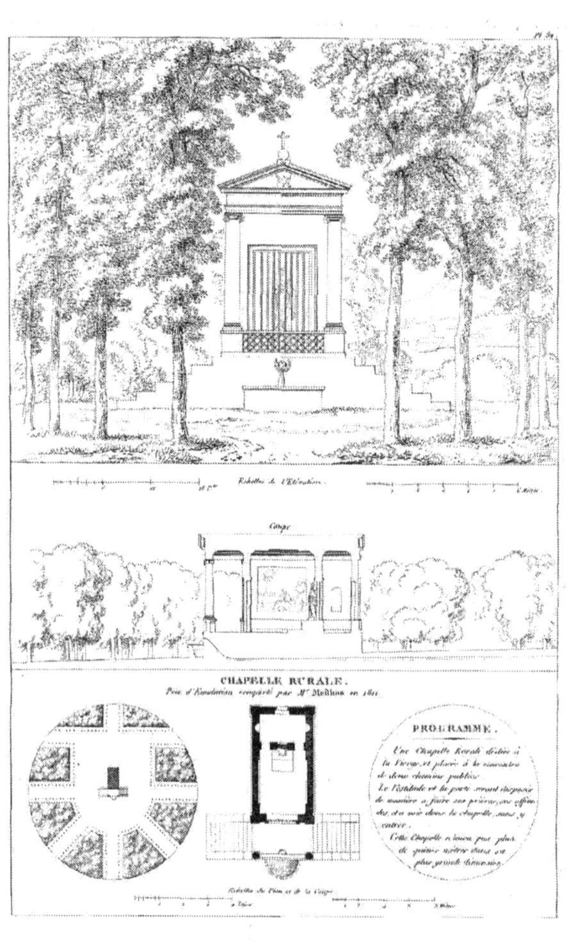
Echelle de l'Elévation.
Coupe
CHAPELLE RURALE.
Prix d'Emulation remporté par Mr Medhus en 1811.
PROGRAMME.
Une Chapelle Rurale dédiée à la Vierge, et placée à la rencontre de deux chemins publics.
Le Vestibule et la porte seront disposés de manière à faire sa prière, ou offrandes, et à voir dans la chapelle, sans y entrer.
Cette Chapelle n'aura pas plus de quinze mètres dans sa plus grande dimension.
Echelle du Plan et de la Coupe.

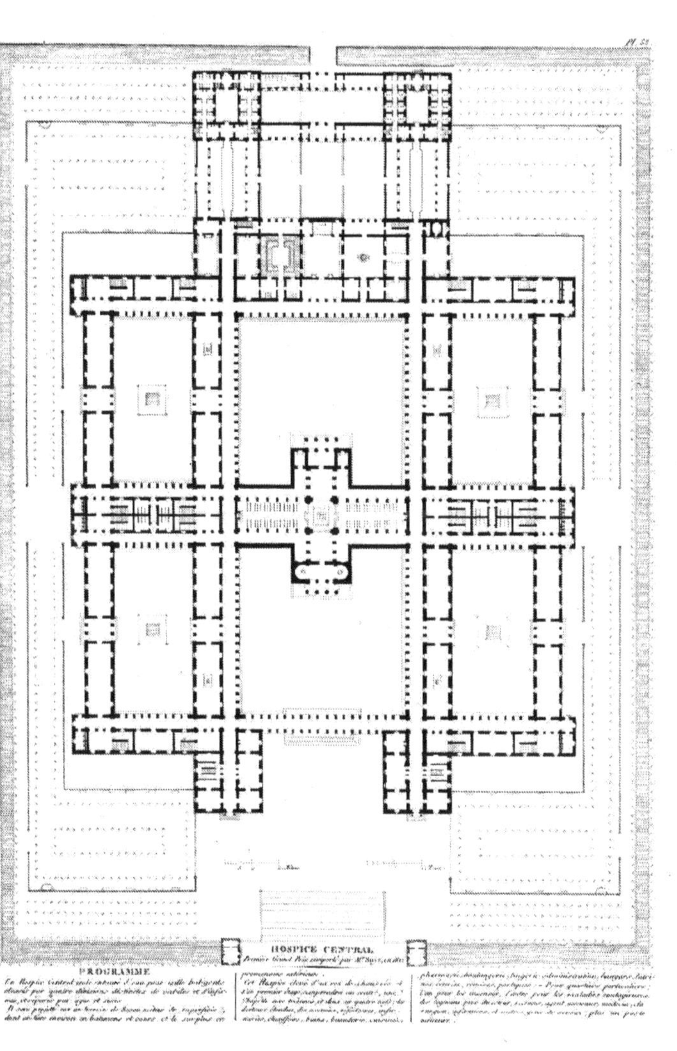
HOSPICE CENTRAL
PROGRAMME

Pl. 84.

Élévation et Coupe de l'Hospice central de Mr Suys
1er Grand Prix de 1812.

Coupe sur la longueur

PÉPINIÈRE

Prix d'Émulation remporté par M.r Huvé, en 1808.

Plan Général.

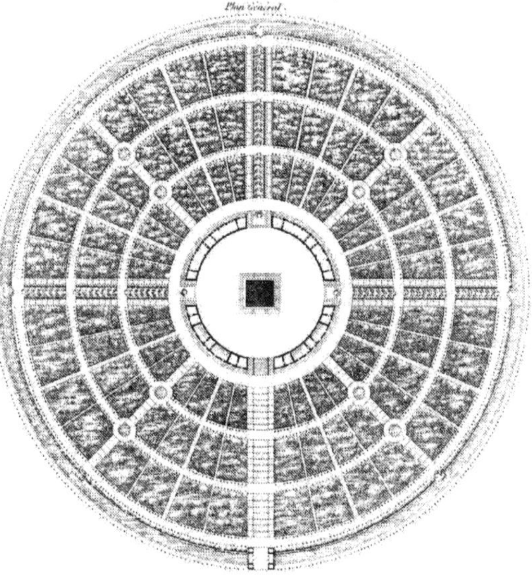

Plan du Pavillon du Centre.

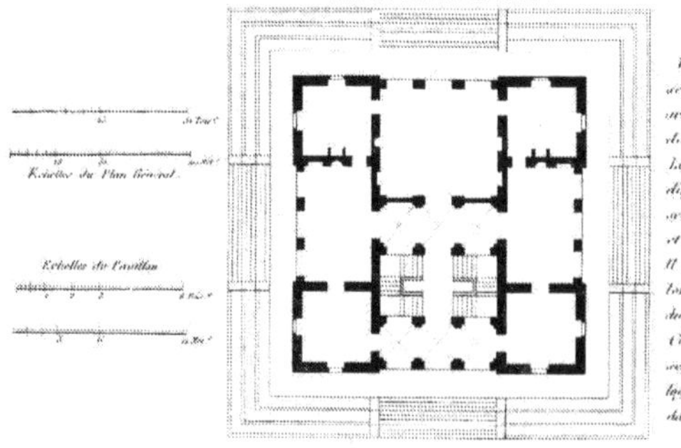

PROGRAMME

Une Pépinière, destinée à semer, élever et recueillir des arbres, arbustes et arbrisseaux de tous genres.

Le terrain dont la plus grande dimension sera de 400 mètres, sera divisé en carrés et allées et arrosé par bassins et rigoles. Il contiendra au centre un pavillon de 20 mètres pour l'habitation du propriétaire ou administrateur. Ce Pavillon sera entouré de serres, remises, écuries, bûchers, logement de jardiniers et dépendances.

Pl. 86.

PÉPINIÈRE

Prix d'Émulation remporté par M.r Huvé, en 1806.

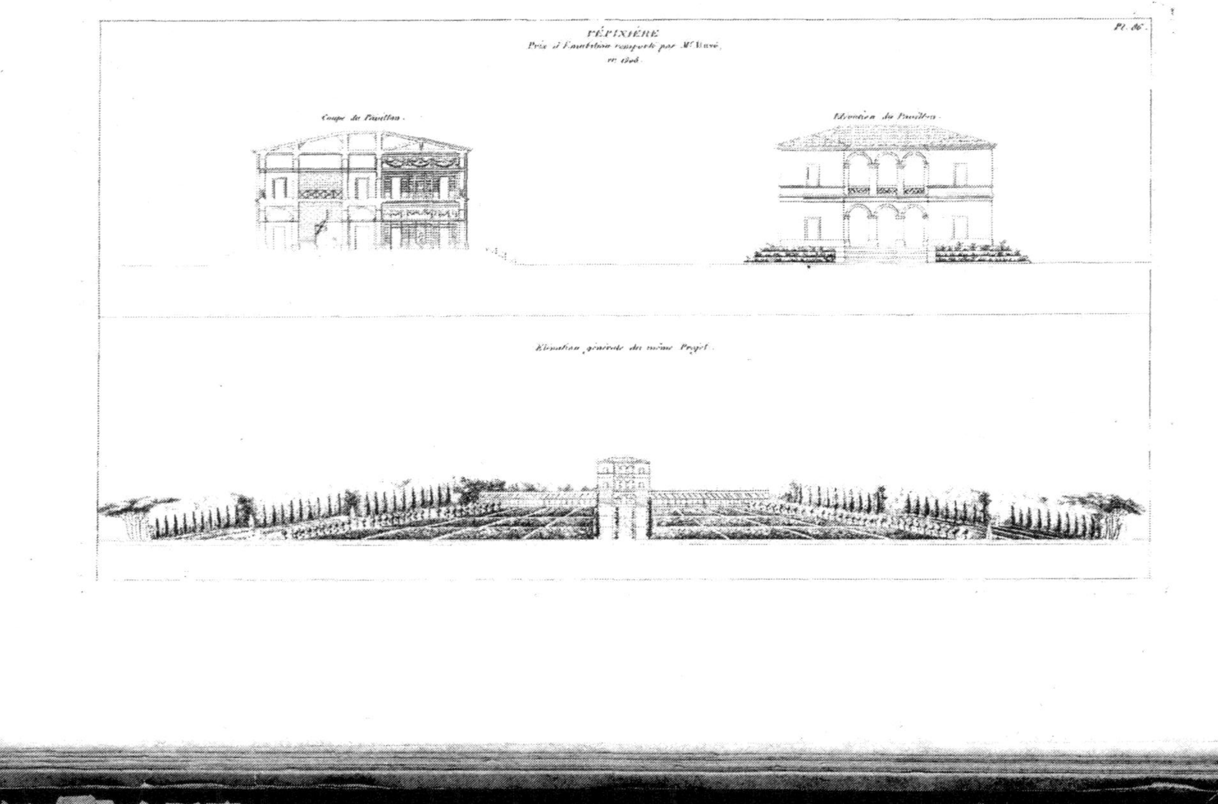

HOTEL DU MINISTÈRE DE LA GUERRE. Pl. 87

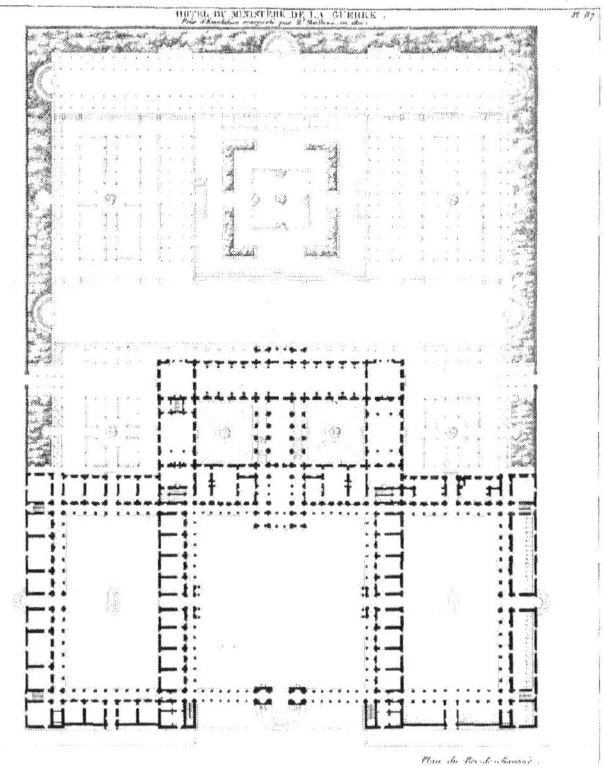

Plan du Rez-de-chaussée.

PROGRAMME

Hôtel pour le Ministère de la Guerre et tous ses Bureaux. Il contiendra une cour d'honneur, un bâtiment principal pour les appartements de parade, au rez-de-chaussée, et pour l'habitation du ministre, au 1er étage ; un jardin agréable ; des cours de service ; quatre divisions pour les bureaux ; des casernes, offices, communs, écuries, remises, magasins et dépendances ; le tout lié par des communications faciles et couvertes, sur un terrain de 150 mètres de face et de 200 mètres de profondeur.

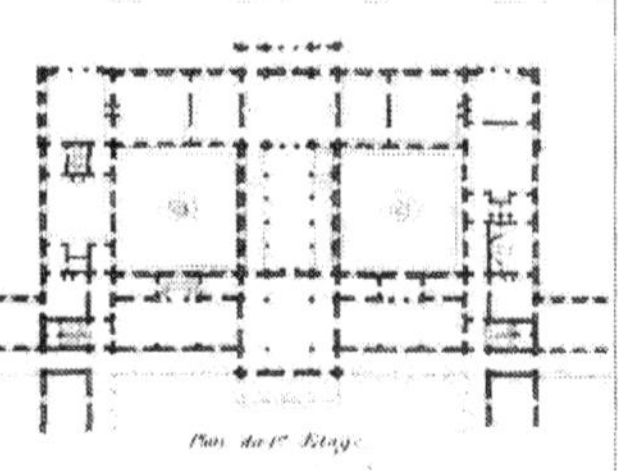

Plan du 1er Étage.

Prix d'Émulation par M.r Meilhon en 1811.

Coupe.

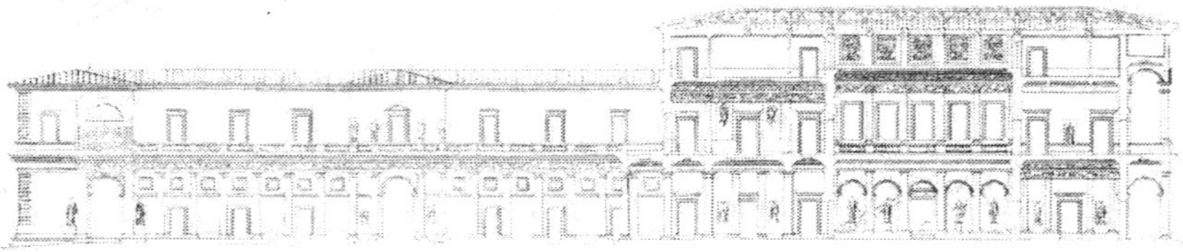

Élévation du même Projet.

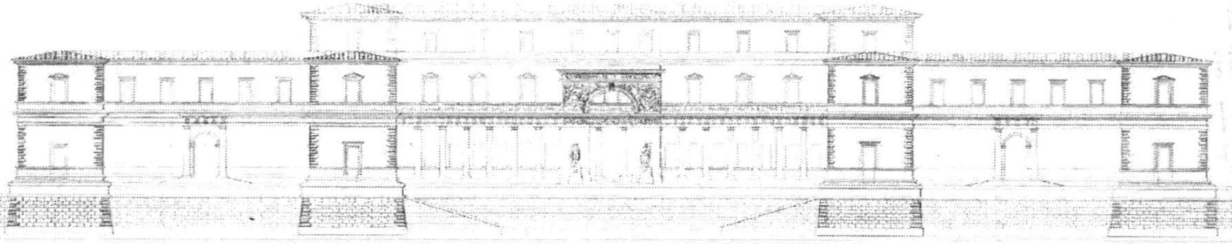

Échelle de 10 Toises.

20 Mètres.

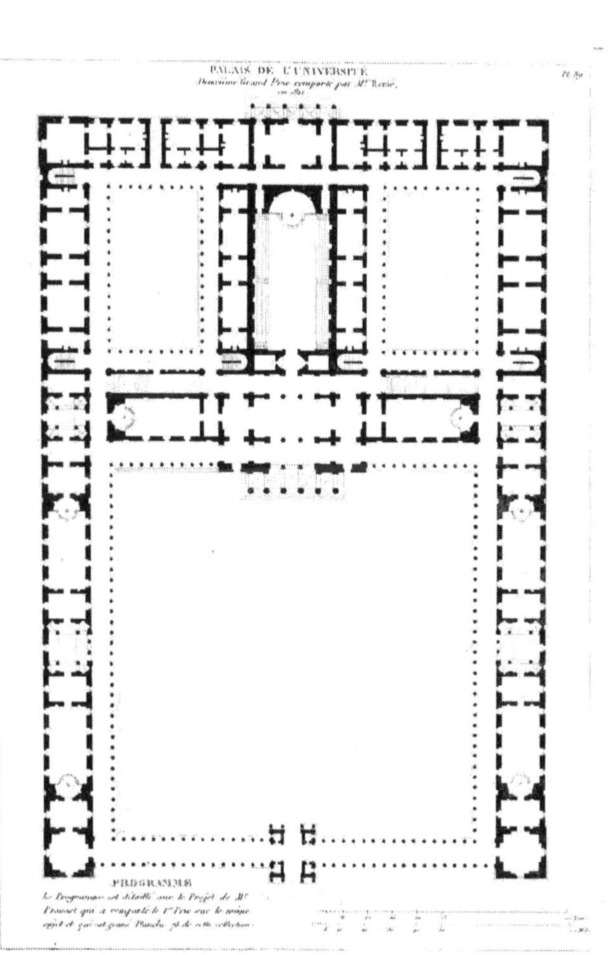
PALAIS DE L'UNIVERSITÉ
Deuxième Grand Prix remporté par Mr Renié,
Pl. 80
PROGRAMME
Le Programme est détaillé sur le Projet de Mr
qui a remporté le 1er Prix sur le même
sujet et qui est gravé Planche de cette collection.

Université par Mr. Rénié,
Deuxième Grand Prix de 1811.
Coupe.

Élévation
du même Projet.

Échelle de … Toises
… Mètres

MAISON DE CAMPAGNE
Prix d'Émulation, remporté par Mr Destouches
PROGRAMME

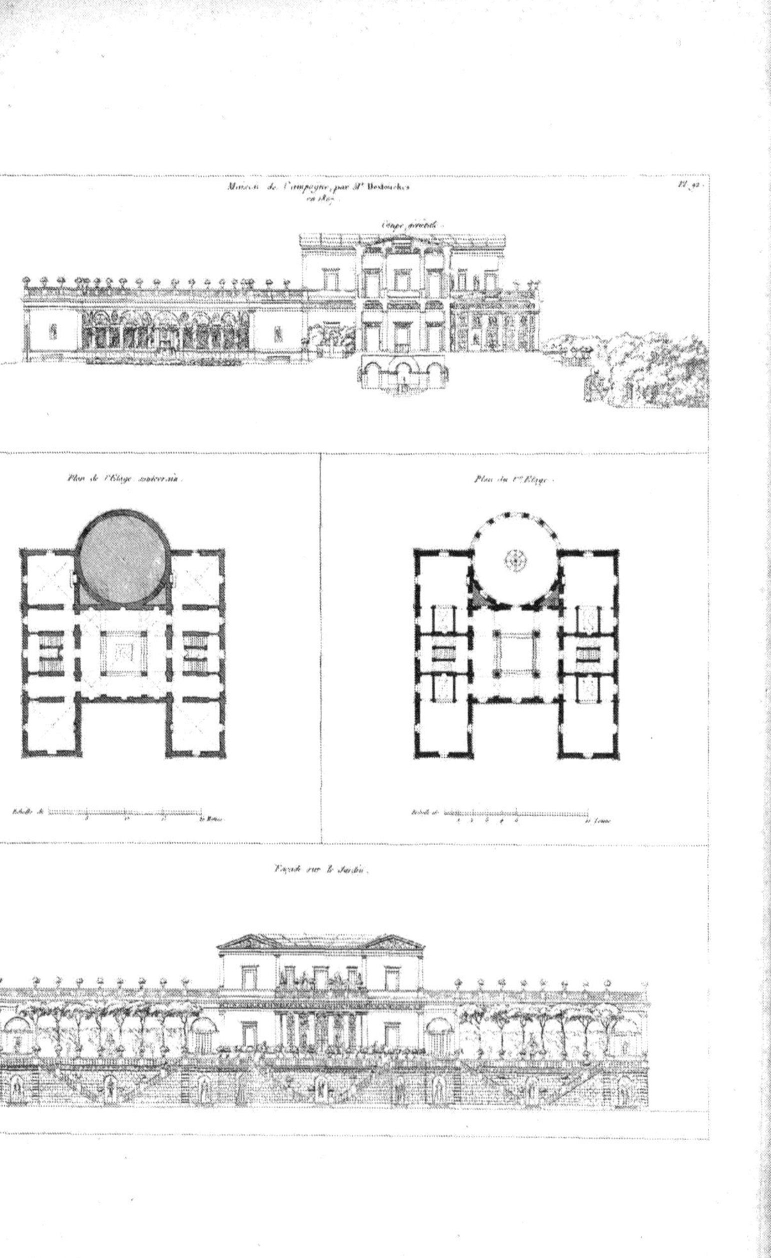

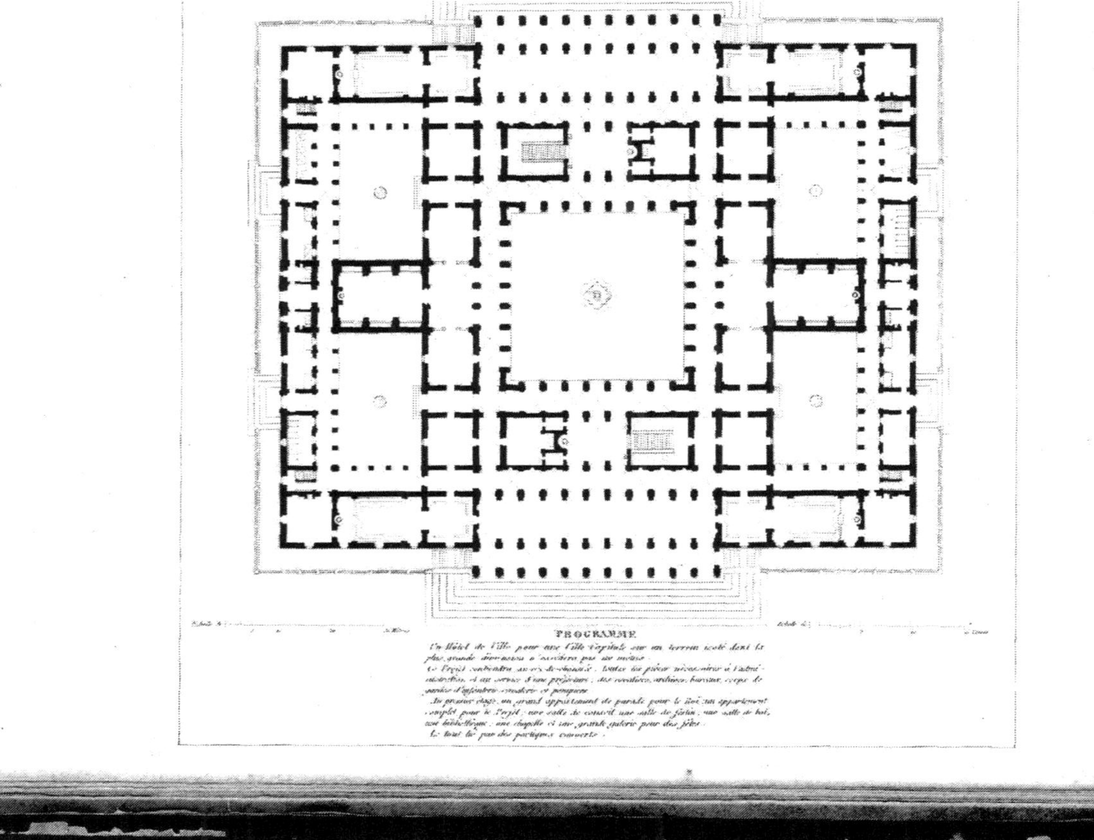

PROGRAMME

Un Hôtel de Ville pour une Ville Capitale sur un terrein isolé dont la plus grande dimension n'excédera pas [illegible] mètres.

Ce Projet contiendra au rez-de-chaussée, toutes les pièces nécessaires à l'administration, et au service d'une préfecture; des recettes, archives, bureaux, corps de garde d'infanterie, cavalerie et pompiers.

Au premier étage, un grand appartement de parade pour le Roi, un appartement complet pour le Préfet, une salle de conseil, une salle de festin, une salle de bal, une bibliothèque, une chapelle et une grande galerie pour des fêtes.

Le tout lié par des portiques couverts.

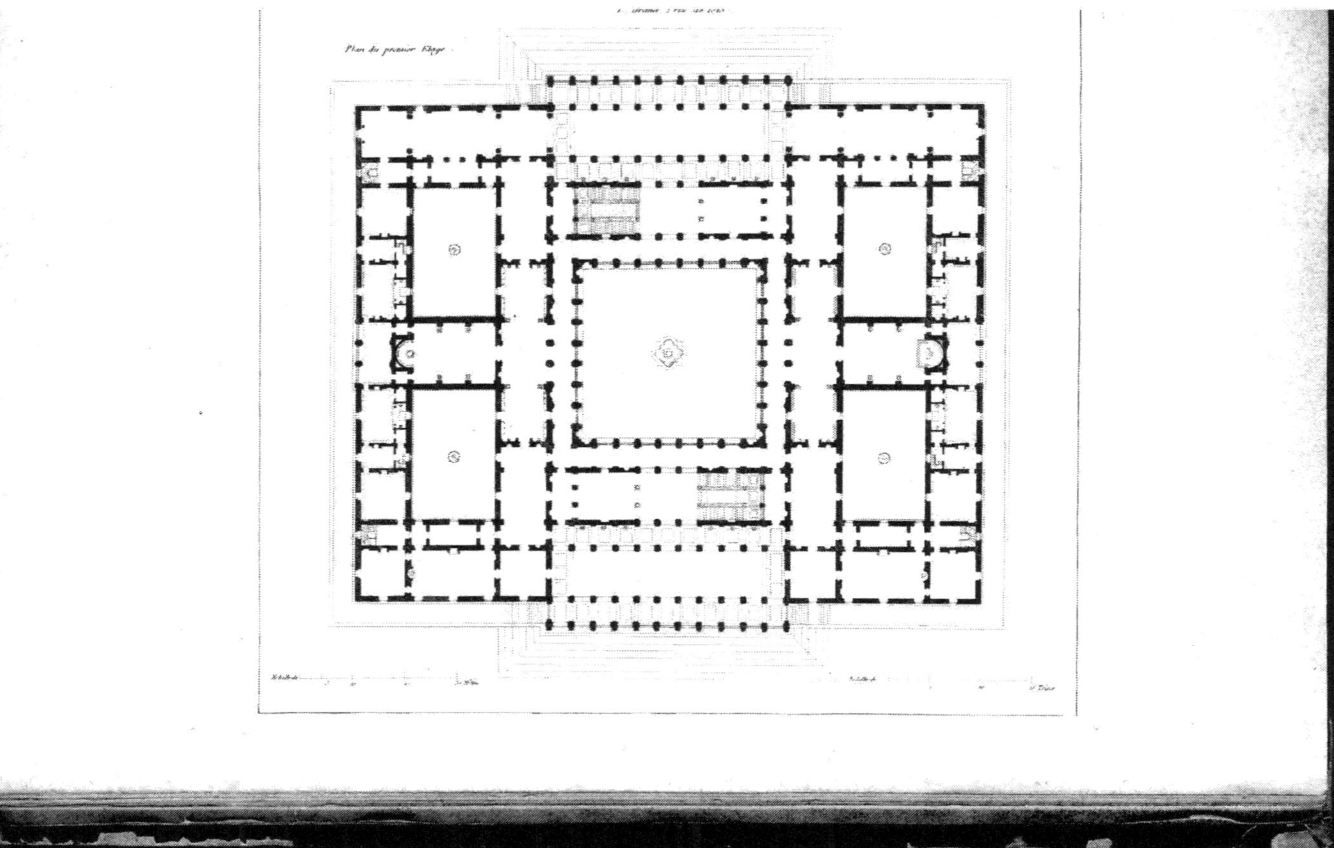
Plan du premier Étage.

Hôtel de Ville, de Mr Caristie,
1er Grand Prix de 1813.

Coupe

Élévation.

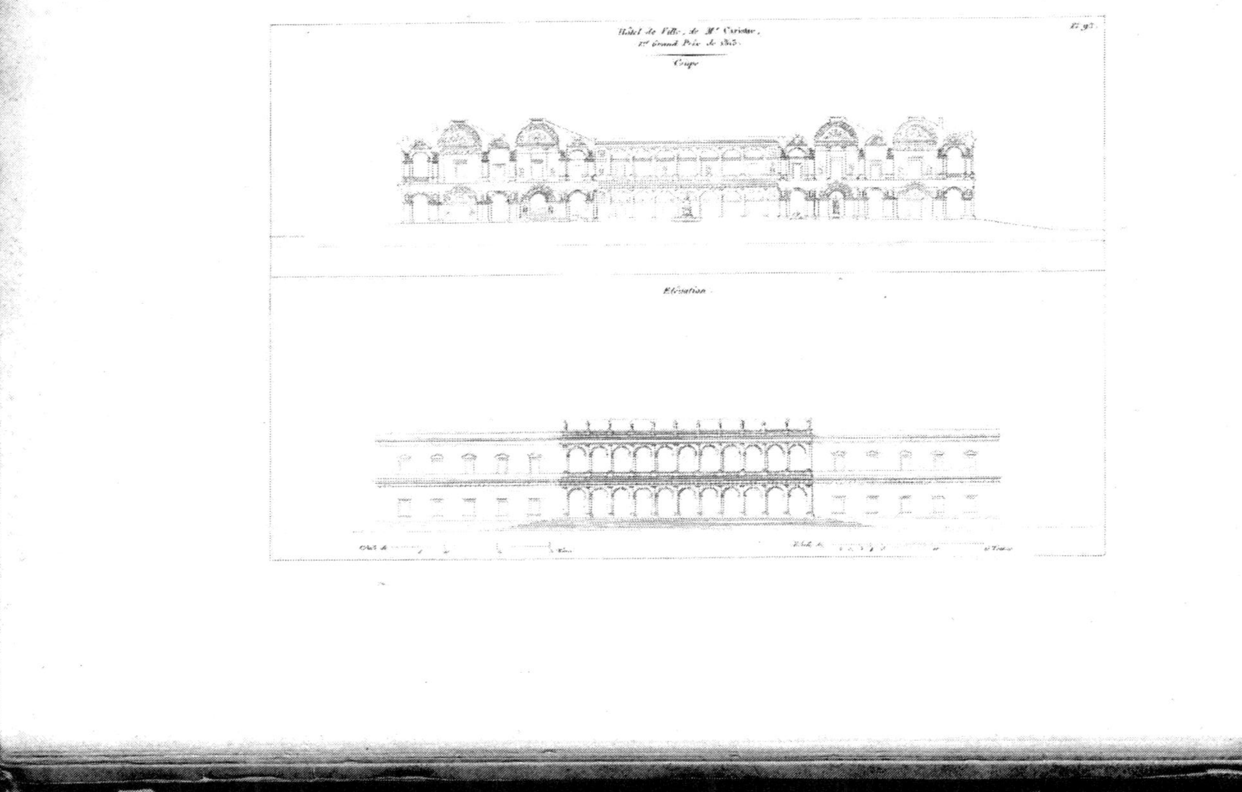

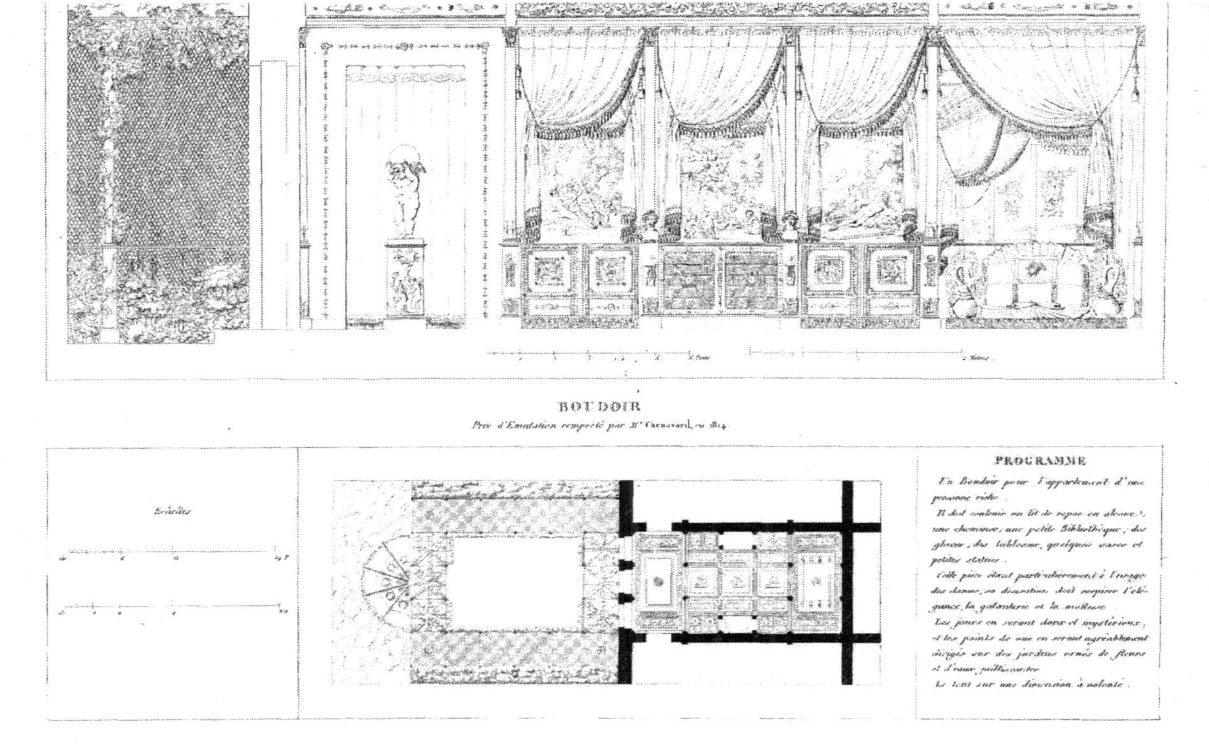

BOUDOIR

Prix d'Emulation remporté par M.r Chenavard, en 1814.

PROGRAMME

Un Boudoir pour l'appartement d'une personne riche.

Il doit contenir un lit de repos en alcove, une cheminée, une petite Bibliothèque, des glaces, des tableaux, quelques vases et petites statues.

Cette pièce étant particulièrement à l'usage des dames, sa décoration doit inspirer l'élégance, la galanterie et la mollesse.

Les jours en seront doux et mystérieux, et les points de vue en seront agréablement dirigés sur des jardins ornés de fleurs et d'eaux jaillissantes.

Le tout sur une dimension à volonté.

Pl. 97.

CATAFALQUE A St. PHILIPPE du Roule

en l'honneur de J. F. T. Chalgrin.

Prix d'Emulation par Mr. Meilhon,

en 1811

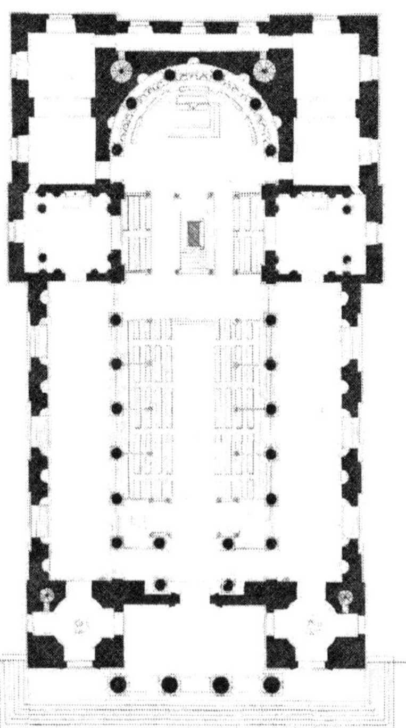

PROGRAMME. *Un Catafalque dans l'Eglise St. Philippe du Roule en mémoire de J. F. T. Chalgrin architecte de cet édifice* [illegible] *d'une manière analogue à la circonstance,* [illegible] *d'une manière décente et distincte,* [illegible] *l'Institut de France, les autorités, et les artistes invités à la cérémonie. Le Catafalque placé au centre de l'Eglise exprimera par sa forme, ses emblêmes, devises, et accessoires l'art que professoit cet artiste, ses principaux ouvrages et le mérite qui les fait distinguer.*

Echelles { *de* … *10 Toises* / *de* … *20 Mètres*

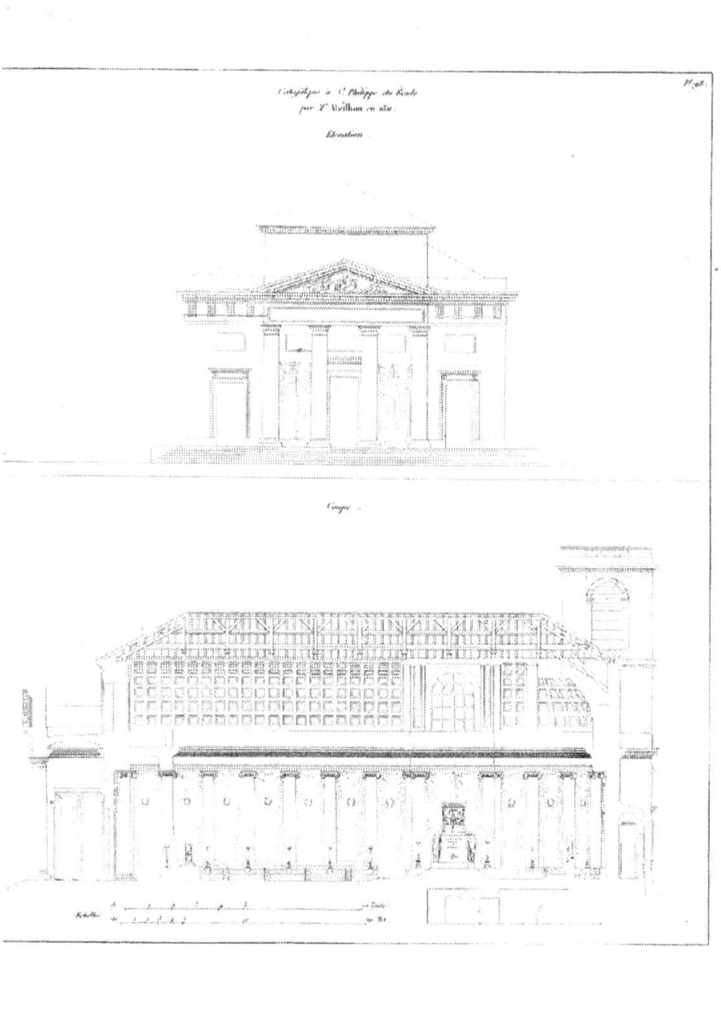
Élévation
Coupe

CÉNOTAPHE à J. F. T. Chalgrin

par Mr Meilhon en 1811.

Pl. 92.

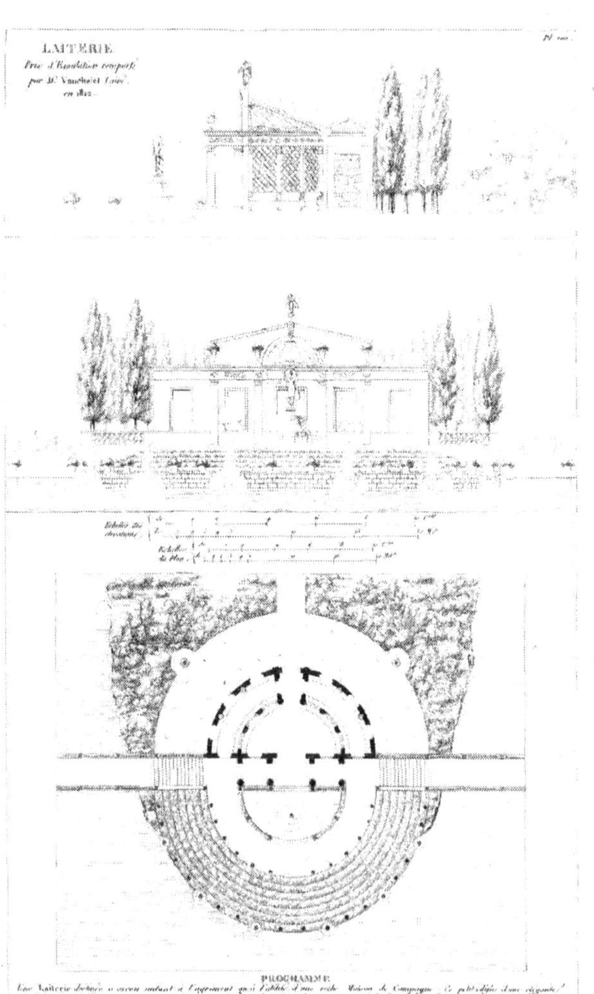

PROGRAMME

Une Laiterie destinée à servir autant à l'agrément qu'à l'utilité d'une riche Maison de Campagne. Ce petit édifice d'une élégante simplicité de 25 Mètres au plus, aura un simple rez-de-chaussée qui contiendra un vestibule, les pièces nécessaires pour le lait, le beurre, les fromages, et un salon de réunion; ce salon sera décoré des principaux marbres et [illegible] à l'usage de la Laiterie devra [illegible] de manière à procurer les points de vue sur des jardins et [illegible] agréables.

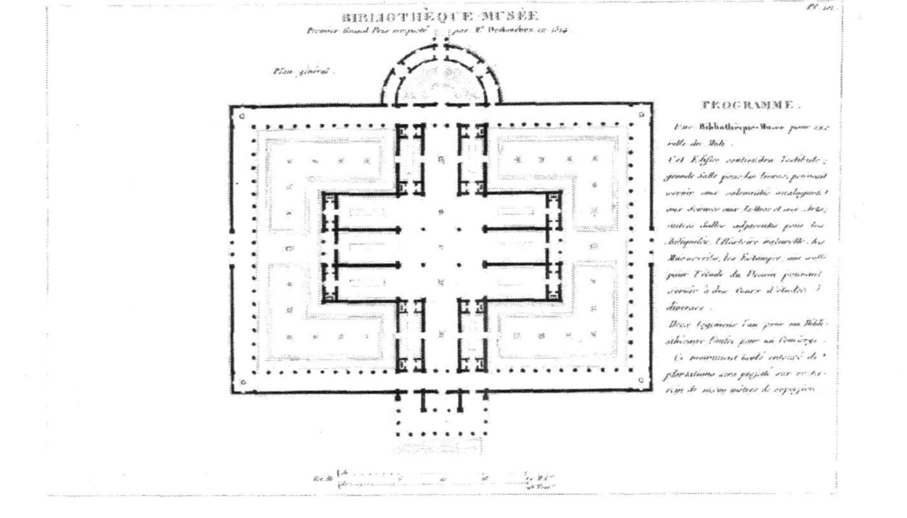

BIBLIOTHÈQUE-MUSÉE
Premier Grand Prix remporté par Mr Destouches en 1814
Plan général.
PROGRAMME.
Une Bibliothèque-Musée pour une ville du Midi.
Cet Édifice contiendra Vestibule, grande Salle pour les livres, pouvant servir aux solennités analogues aux Sciences aux Lettres et aux Arts; autres Salles adjacentes pour les Antiquités, l'Histoire naturelle, les Manuscrits, les Estampes, une salle pour l'étude du Dessin pouvant servir à des Cours d'études diverses.
Deux logements l'un pour un Bibliothécaire l'autre pour un Concierge.
Ce monument isolé entouré de plantations sera projeté sur un terrain de [illegible] mètres de superficie.

Bibliothèque - Musée

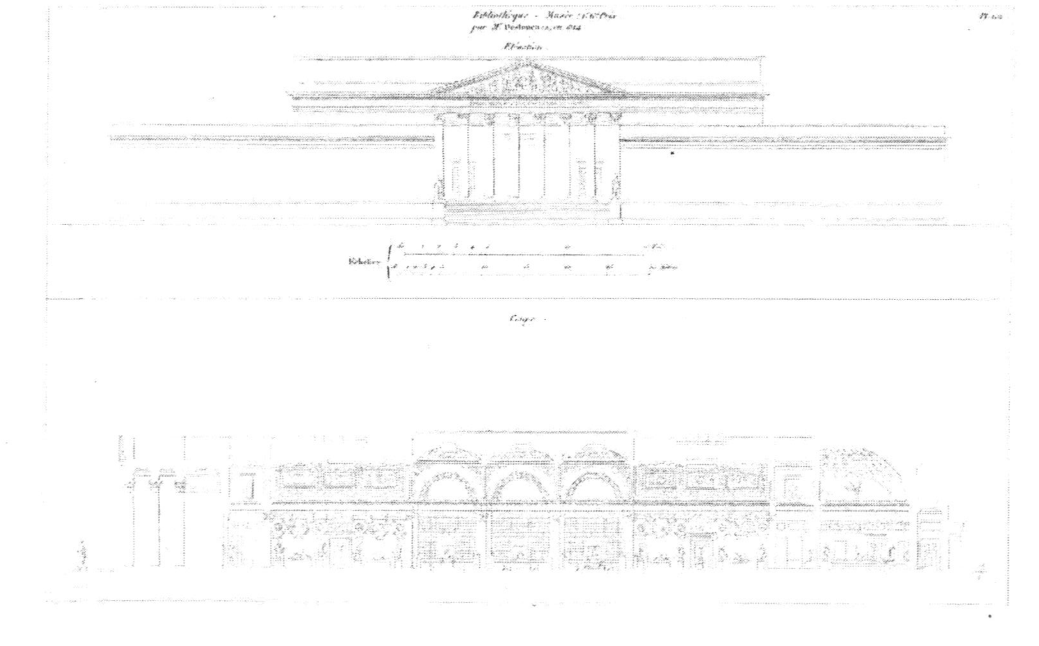

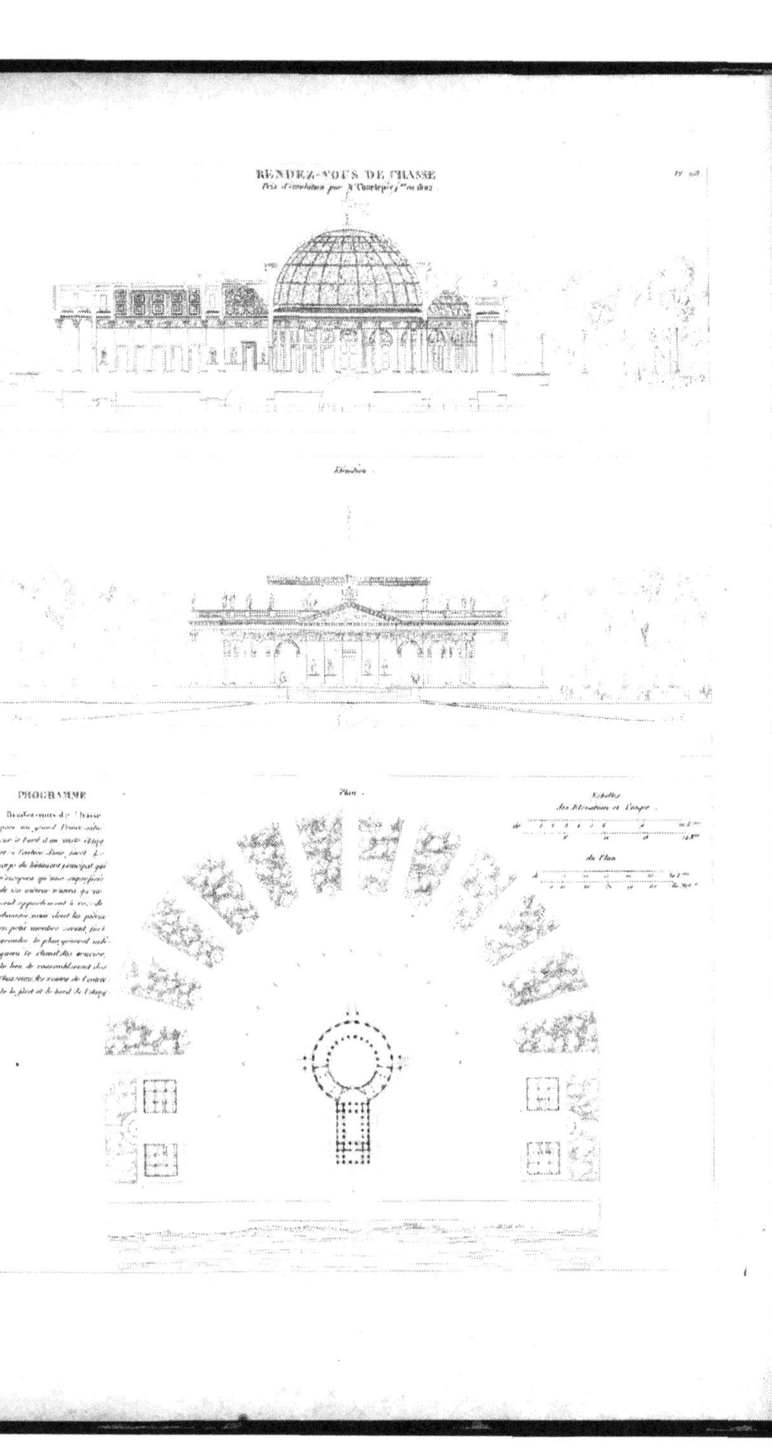
RENDEZ-VOUS DE CHASSE
Élévation
PROGRAMME
Plan

ÉCOLE POLYTECHNIQUE

par Mr. Dedeux 1er Grand Prix de 1805.

Plan du Rez de chaussée.

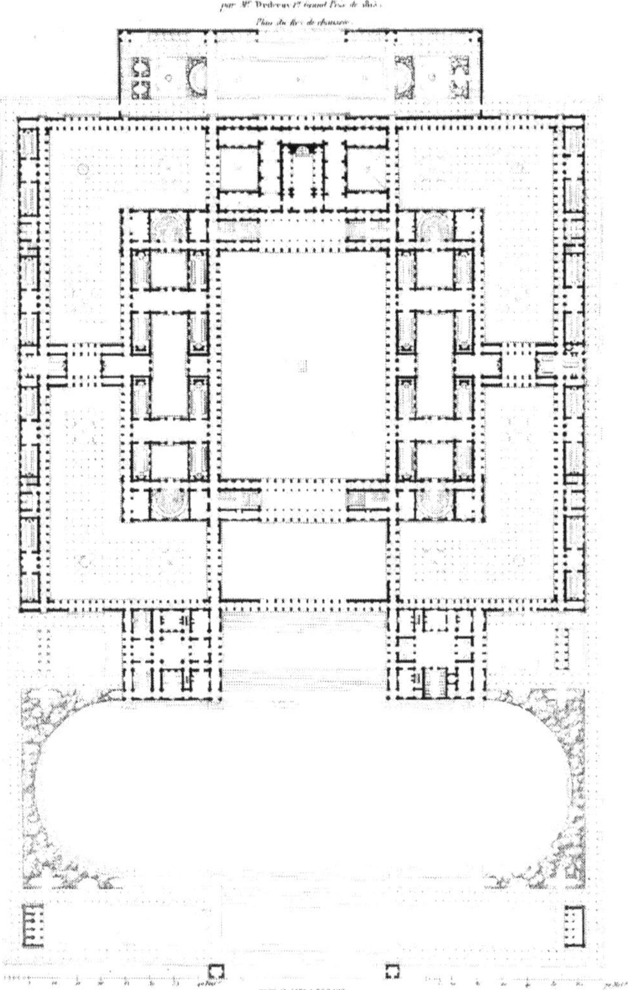

PROGRAMME

Une École Polytechnique pour 300 élèves, en deux divisions. La dite sera projetée sur un terrain de [illegible] mètres superficiels compris un cirque de 10000 mètres carrés pour les courses et les évolutions.

Cet édifice contiendra un bâtiment principal et plusieurs autres subsidiaires. Il y aura au rez-de-chaussée une grande et plusieurs petites cours avec galeries, quatre amphithéâtres, seize grandes salles d'étude, quatre grandes salles d'exercice, une chapelle, une bibliothèque, un cabinet de physique, un observatoire, une infirmerie, une chambre de bains, une pharmacie, une buanderie, une boulangerie, des dépôts pour les comestibles, 2 grandes cuisines, 4 réfectoires, remises, écuries et quelques dépendances, plus à l'entrée des pavillons de corps de garde et concierges.

Les étages supérieurs contiendront les logemens d'un Directeur, d'un Préfet des études, des inspecteurs surveillans, gens de service et autres.

École Polytechnique par Mr Pedreux
1er Grand Prix de 1813

Pl. 100

Plan du 1er Étage.

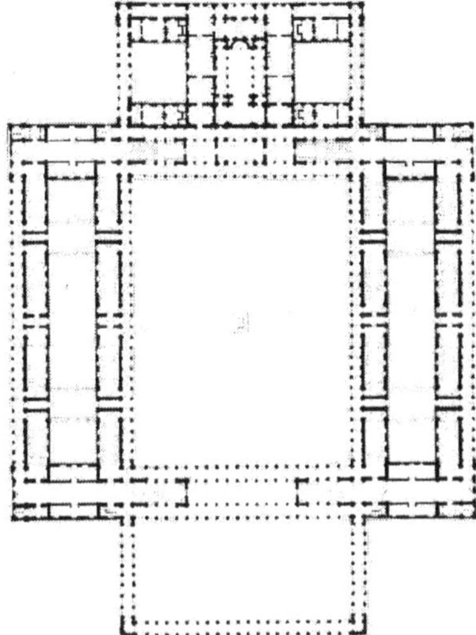

Elévation et Coupe d'une Ecole Polytechnique par Mr. Dedreux
1er Grand Prix de 1815.

Pl. 226.

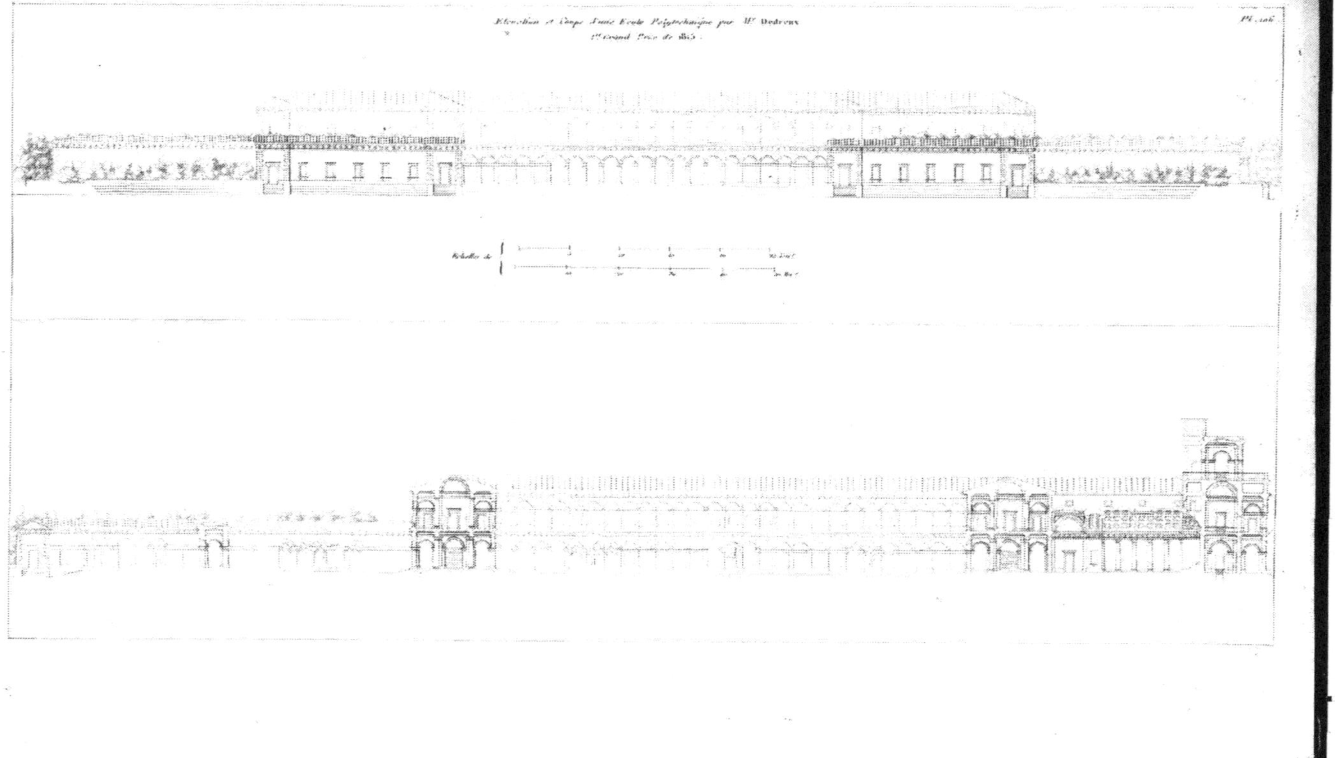

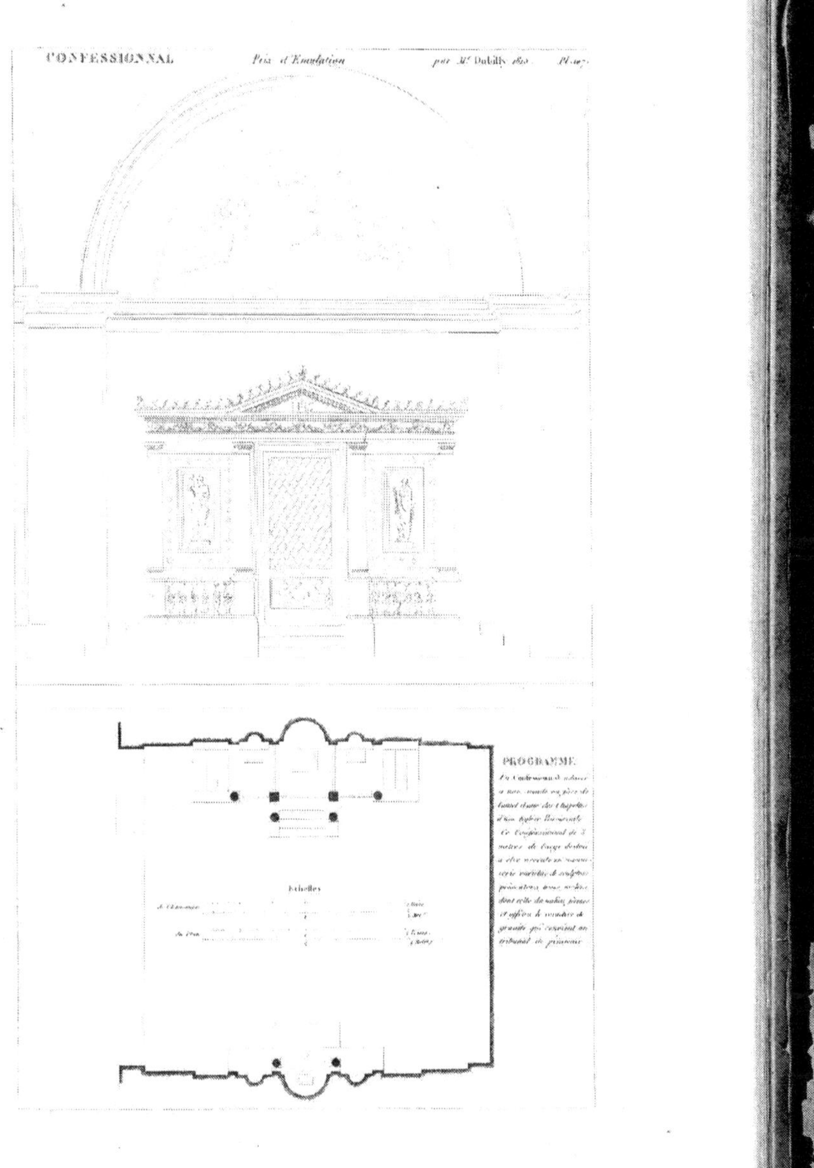
CONFESSIONNAL
Prix d'Emulation
PROGRAMME.
Echelles

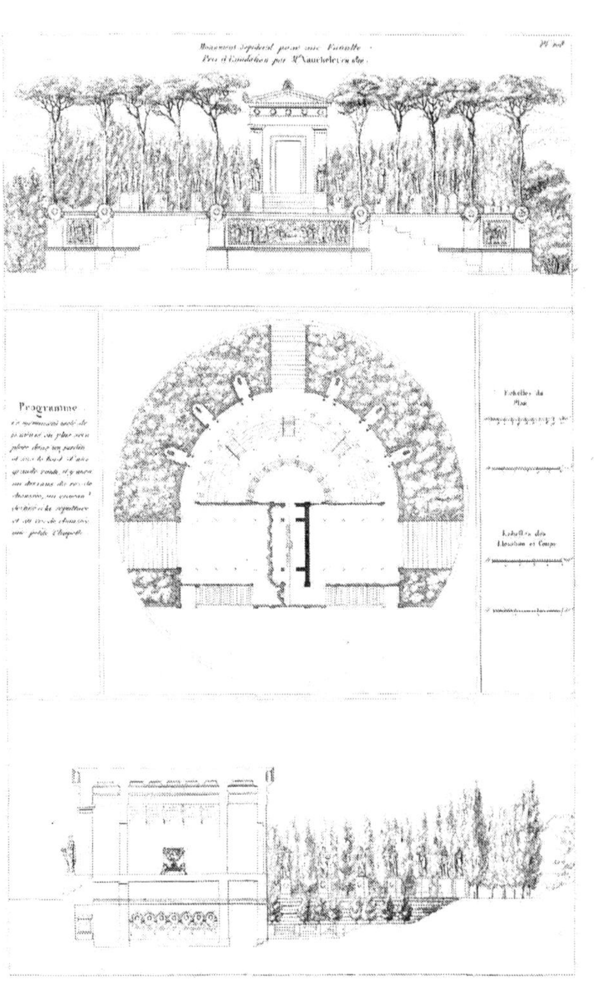
Monument Sépulcral pour une Famille
Programme
Echelles du Plan

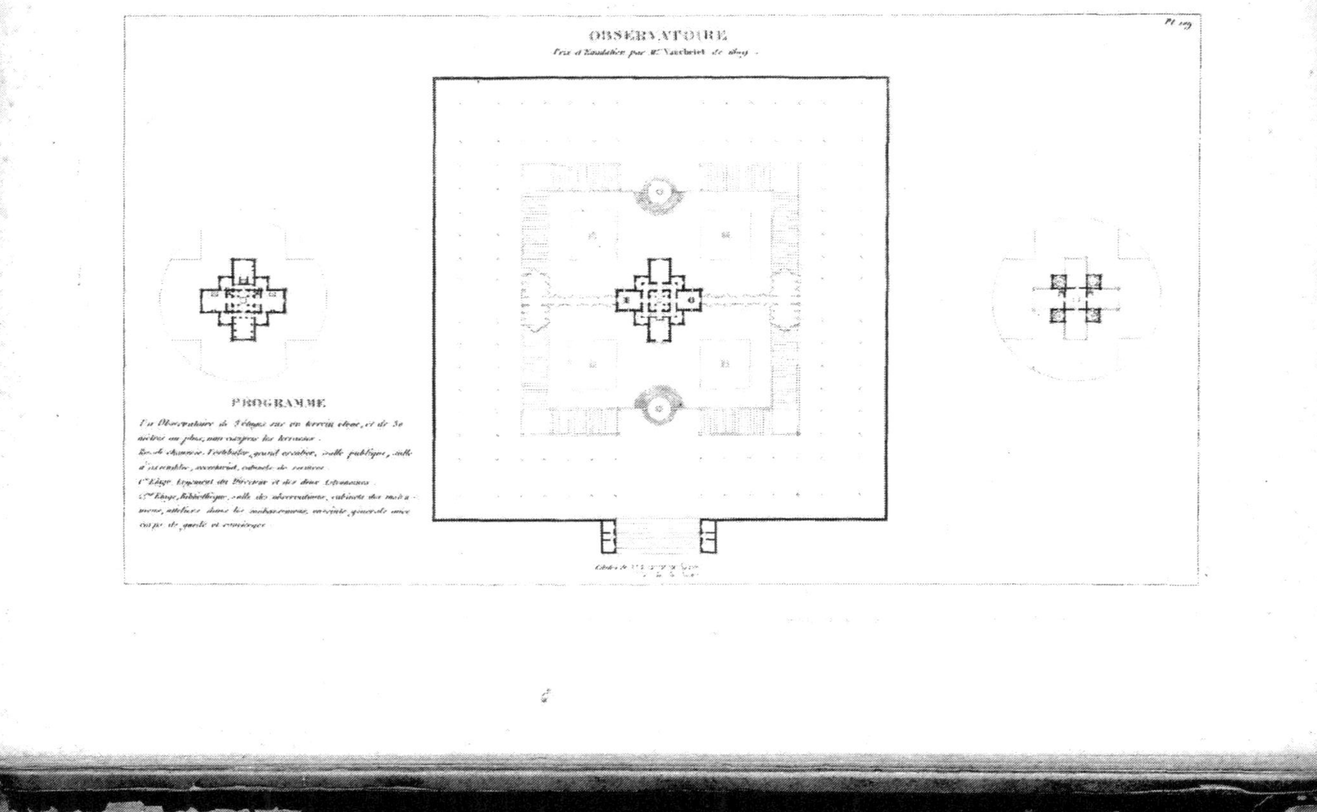
Pl. 129
OBSERVATOIRE
Prix d'Émulation par M.r Vaucheret de 1809.
PROGRAMME
Un Observatoire de 3 étages sur un terrain élevé, et de 30 mètres au plus, non compris les terrasses.
Rez-de-chaussée. Vestibule, grand escalier, salle publique, salle d'assemblée, secrétariat, cabinets de service.
1.er Étage. Logement du Directeur et des deux Astronomes.
2.me Étage, Bibliothèque, salle des observations, cabinets des instruments, ateliers dans les soubassements, enceinte générale avec corps de garde et concierge.

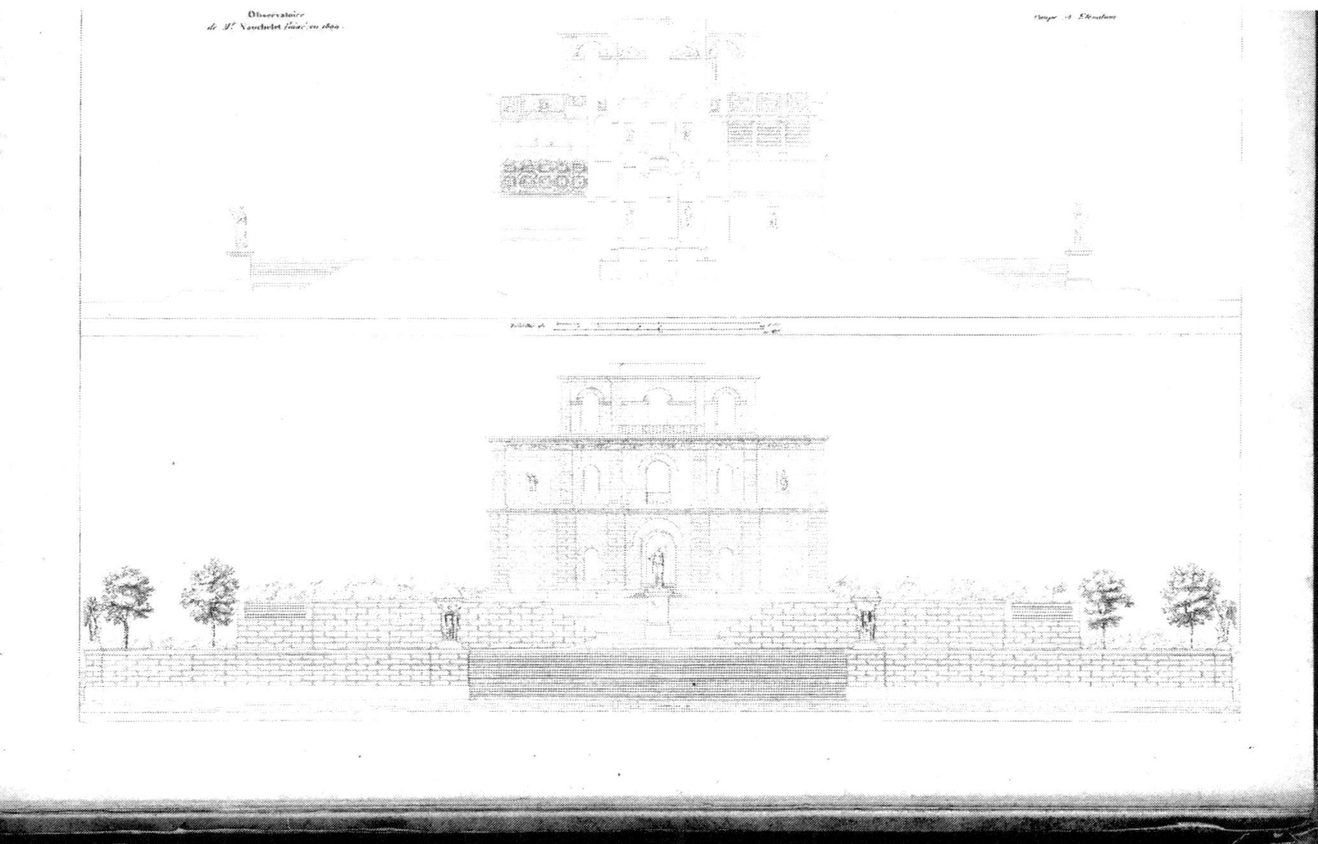
Observatoire
de Mr. Vauchelet l'aîné en 1800.
Coupe et Élévation

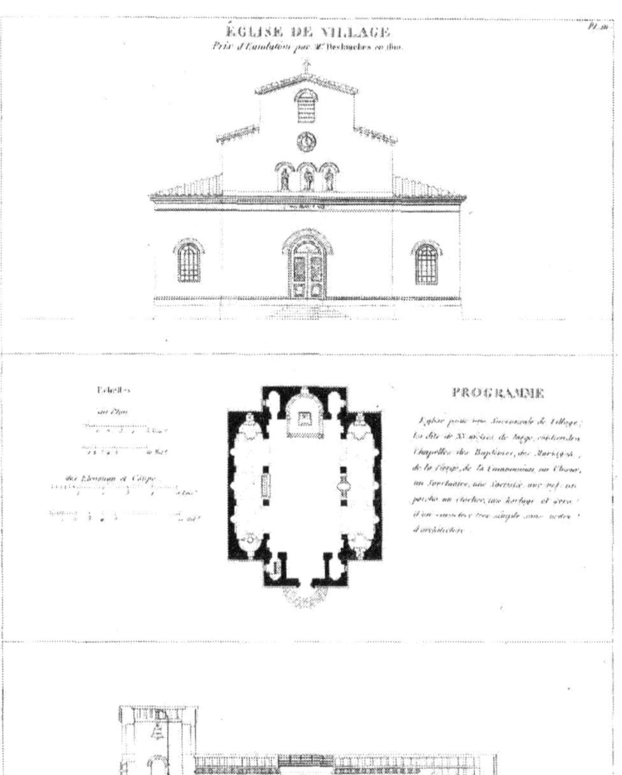
ÉGLISE DE VILLAGE
Prix d'Émulation par Mr. Deslauches en 1810.
Pl. 111
PROGRAMME
Église pour une Succursale de Village;
Chapelles des Baptêmes, des Mariages,
de la Vierge, de la Communion, un Chœur,
un Sanctuaire, une Sacristie, une nef, un
porche, un clocher, une horloge et sera
d'un caractère très simple sans ordre
d'architecture.

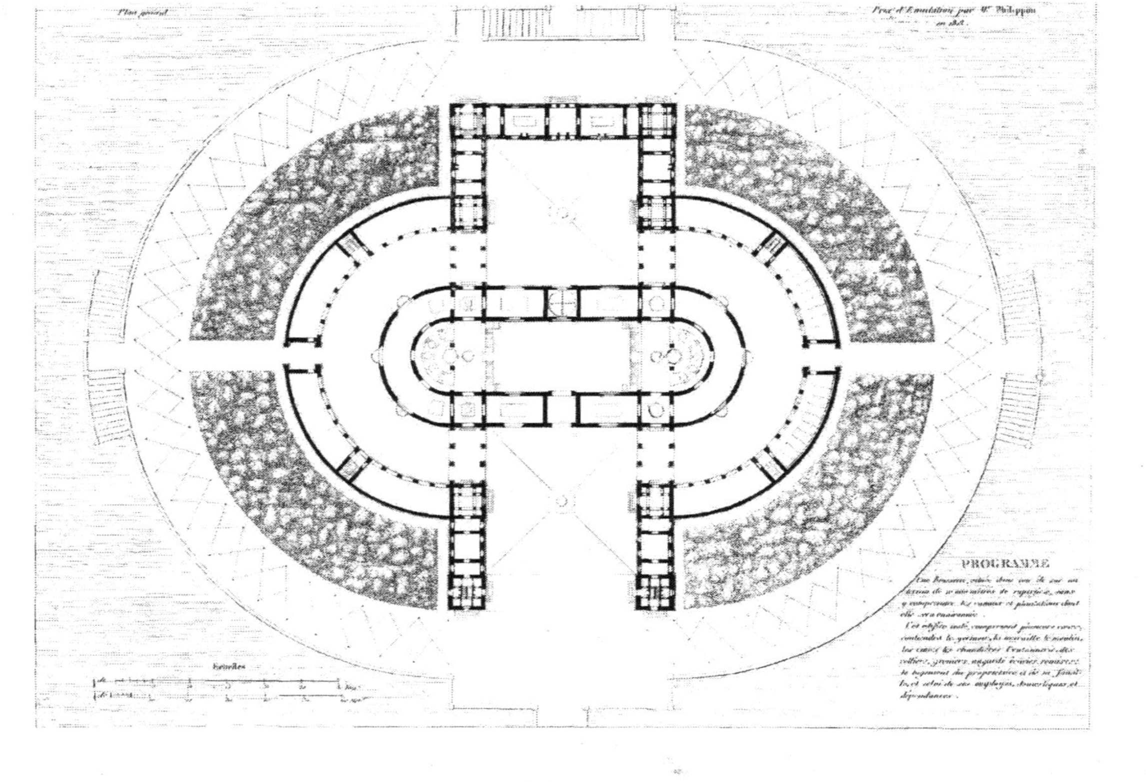
Plan général
Prix d'Émulation par Mr. Philippon
PROGRAMME
Une Brasserie, située dans une île, sur un terrain de 10 000 mètres de superficie, sans y comprendre les canaux et plantations dont elle sera environnée.
Cet édifice isolé, comprenant plusieurs cours, contiendra le germoir, la touraille, le moulin, les cuves, les chaudières, l'entonnoir, des celliers, greniers, magasins, écuries, remises, le logement du propriétaire et de sa famille, et celui de ses employés, domestiques et dépendances.
Échelles

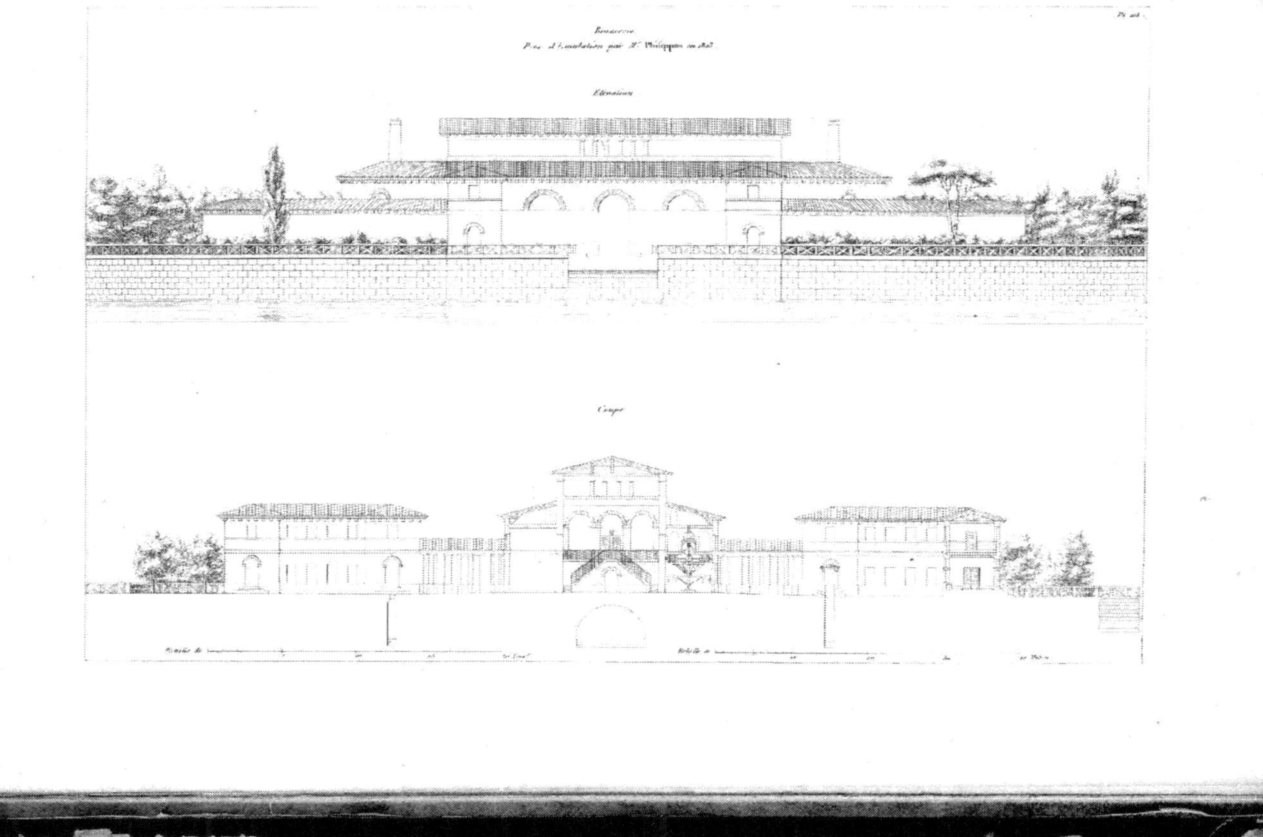
Bouverie.
Élévation
Coupe
Échelle de

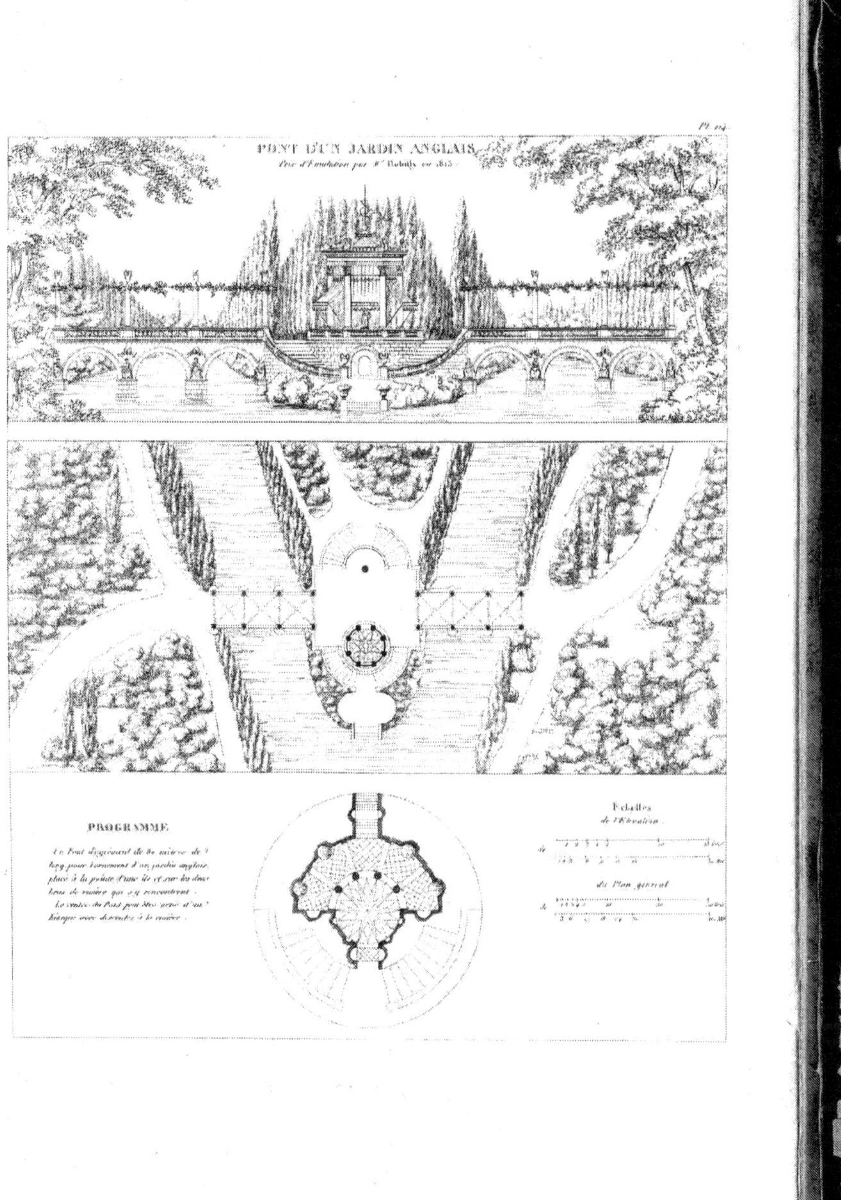
PONT D'UN JARDIN ANGLAIS
PROGRAMME
Echelles
de l'Élévation
du Plan général

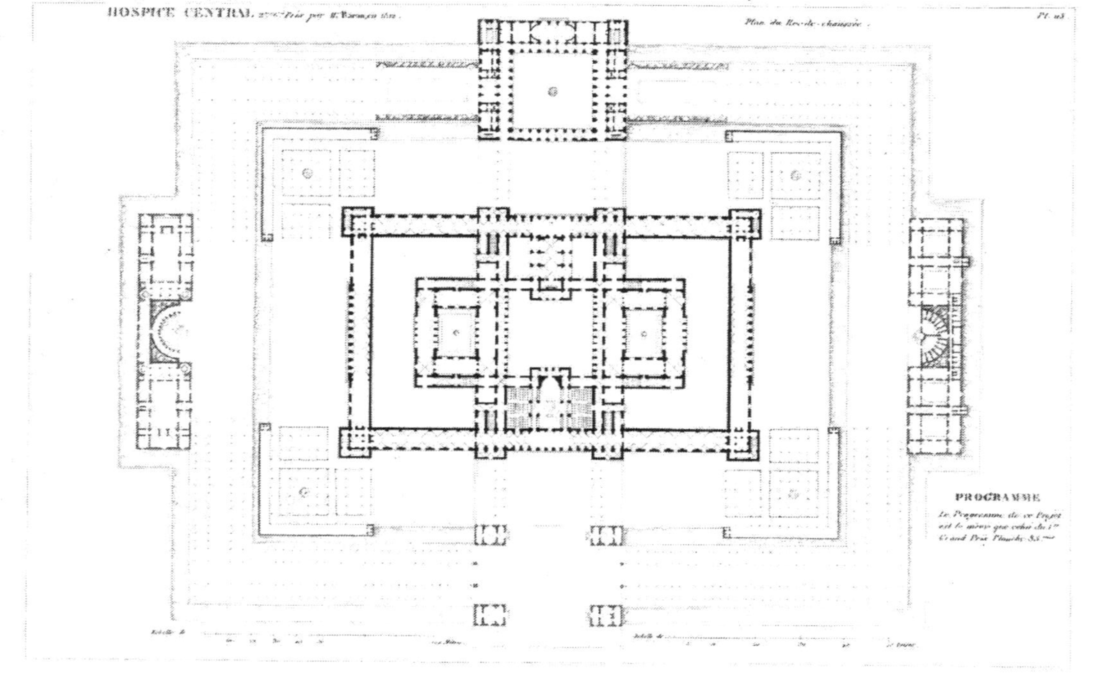
HOSPICE CENTRAL
Plan du Rez-de-chaussée.
PROGRAMME
Le Programme de ce Projet est le même que celui du 1er Grand Prix Planche 35.me

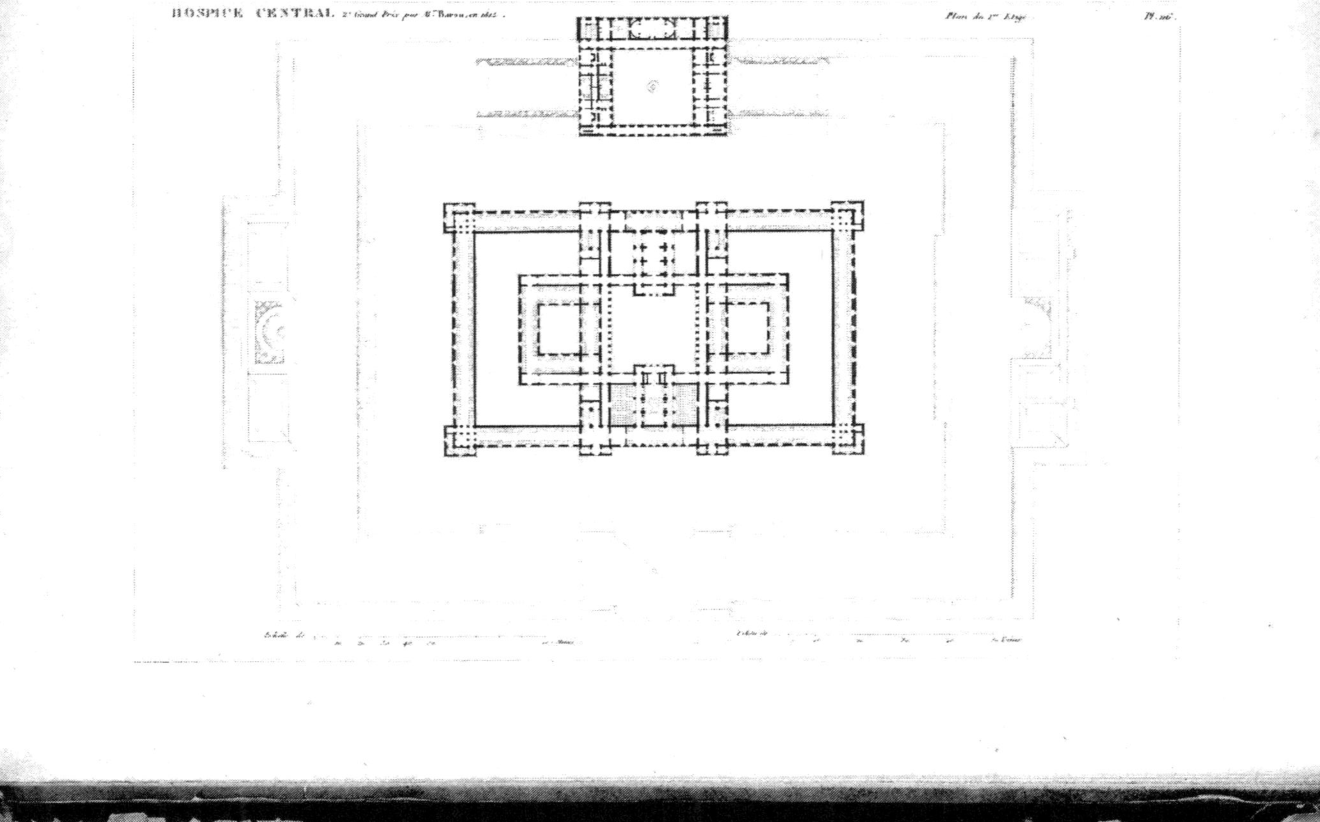
HOSPICE CENTRAL. 2e Grand Prix par Mr Baron
Plan du 1er Etage

Pl. 17.

Hospice Cantonal, 2me Grand Pré, par M. Baron, en 18..

Coupe.

Élévation.

Échelle de [illegible] Toises

[illegible] Mètres

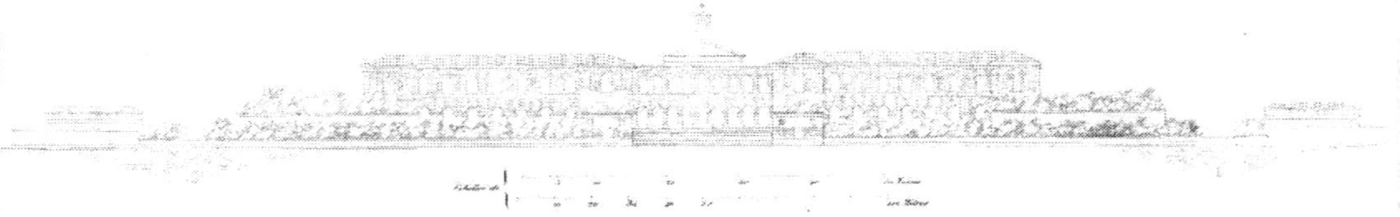

SALLE DE BAL

Prix d'Émulation par M.r Dubilly, en 1813.

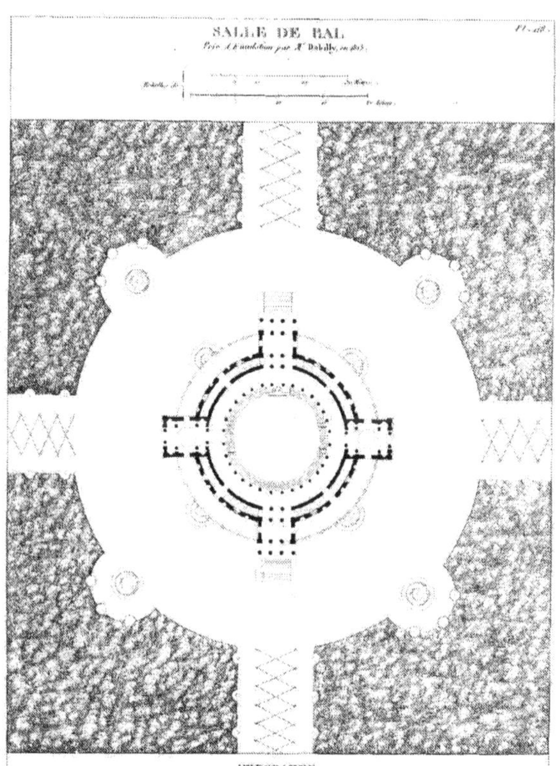

PROGRAMME

Une Salle de Bal, élevée à l'occasion des Fêtes du Mariage d'un Grand Prince, et isolée dans un bosquet contigu au Château.

Cette Salle, de 30 mètres au plus de dimension, sera accompagnée de Vestibules, Orchestre, Buffets, Escaliers, Tribunes, et sera d'une décoration élégante et analogue à la circonstance.

SALLE DE BAL
Pl. 119
Élévation
Coupe

TRÔNE

pour un Souverain

Prix d'Émulation, par Mr. Dejoly, en 1818.

Pl. 120.

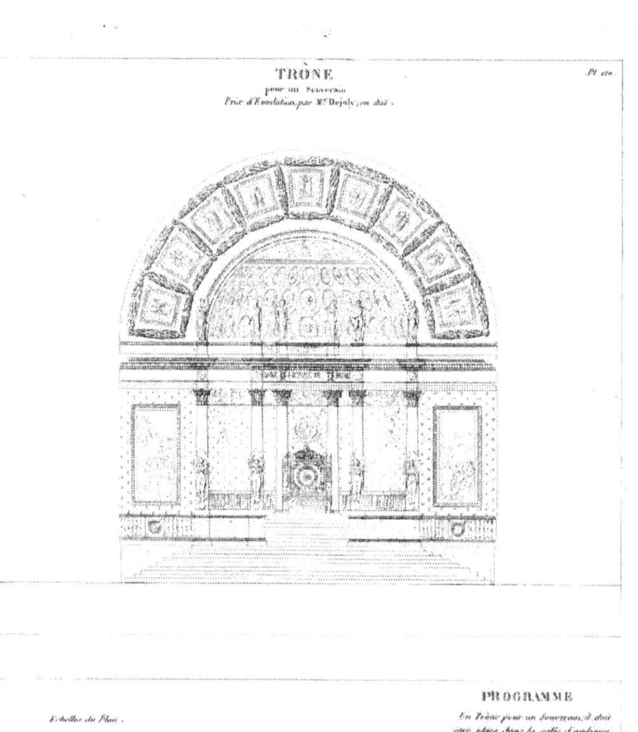

Échelles du Plan.

Échelles de l'Élévation.

PROGRAMME

Un Trône pour un Souverain, il doit être placé dans la salle d'audience, élevé sur une estrade, entouré de balustrades et couvert d'un couronnement.

Des places convenables doivent être ménagées auprès, pour les Princes et les grands Dignitaires de l'État.

La Salle d'audience dans laquelle le trône sera placé n'aura pas plus de 18 Mètres dans sa plus grande dimension.

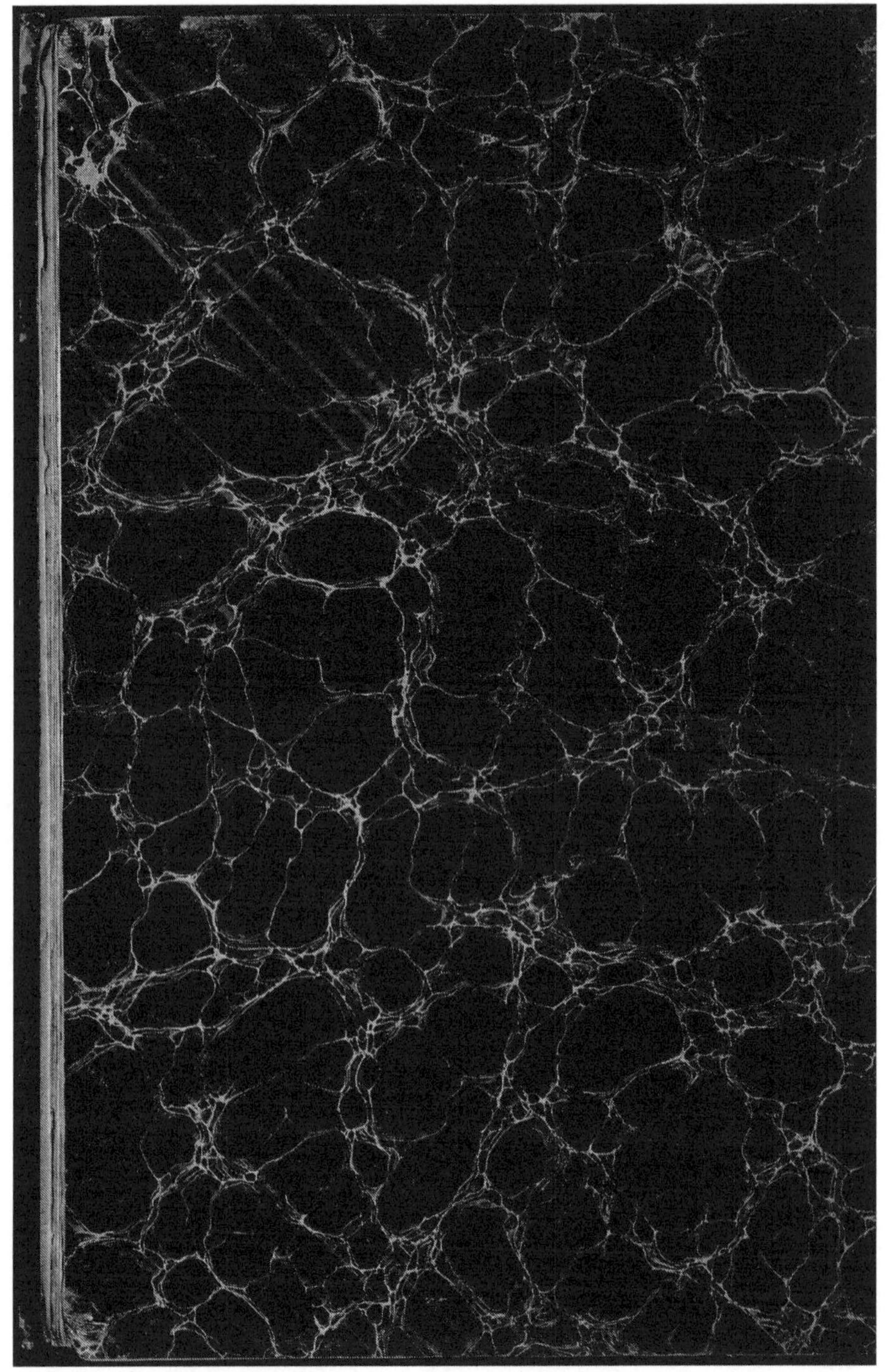

Lightning Source UK Ltd.
Milton Keynes UK
UKHW022214140519
342685UK00008B/109/P